乔布斯的苹果禅

王紫芦 著

山东文艺出版社

图书在版编目（CIP）数据

乔布斯的苹果禅 / 王紫芦著. —济南:山东文艺出版社, 2021

ISBN 978-7-5329-6386-7

Ⅰ. ①乔… Ⅱ. ①王… Ⅲ. ①乔布斯(Jobs, StevePaul 1955-2011)—传记 Ⅳ. ①K837.125.38

中国版本图书馆 CIP 数据核字(2021)第 093813 号

乔布斯的苹果禅

王紫芦 著

主管单位	山东出版传媒股份有限公司
出版发行	山东文艺出版社
社　　址	山东省济南市英雄山路 189 号
邮　　编	250002
网　　址	www.sdwypress.com

读者服务	0531-82098776(总编室)
	0531-82098775(市场营销部)
电子邮箱	sdwy@sdpress.com.cn

印　　刷	山东新华印务有限公司
开　　本	890mm×1240mm　1/32
印　　张	9　插页/2
字　　数	208 千
版　　次	2021 年 8 月第 1 版
印　　次	2021 年 8 月第 1 次印刷
书　　号	ISBN 978-7-5329-6386-7
定　　价	39.00 元

版权专有，侵权必究。如有图书质量问题，请与出版社联系调换。

大陆出版序

二〇二〇年十一月首度到访山东济南,我在那里第一次看到了初雪,也第一次亲身感受零下十几度的严寒……据当地人说这是五十年来最冷的冬天,竟被自幼在台湾生长初来乍到齐鲁大地的我遇上了,让我深切体会到何谓冰冷刺肤、寒风入骨……然而初覆在车顶、枝丫那洁净如棉的雪,辉映着质朴灰褐大地的景致,却美得让人移不开眼,忘却了寒冷。

美景入心,仿佛时光倒退回二〇一八年二月六日——《乔布斯的苹果禅》(STEVE JOBS APPLE ZEN)中国台北国际书展的新书发布会的日子。那天也是台北最湿冷低温的日子,红沙龙展演厅的长椅上坐满了参加新书会的亲朋好友、业界前辈及书友们,他们满怀对乔布斯人生经历的好奇以及祝福新书成功发布的心。

时间过得很快,一千多个日子飞逝,世界也因二〇一九年底出现的新冠疫情变得更坚强,虽然为了抵御新冠疫情的传播采取了封闭、限制人们外出活动的措施,然而有幸的是无所不在的网络及便捷的智能手机解救了我们，让地球村的人们即使不便外出，也可依靠便捷的通信科技保持生活工作学习的连续性。

通信科技的跃进，造福了人类，所以我们忘不了二〇〇七年将智能手机iphone带给世人的苹果公司创办人——史蒂夫·保罗·乔布斯。

当年早已是富豪的五十二岁的乔布斯，一心一意只想带领公司团队，开创一个又一个"疯狂般的伟大机器、改变世界撼动宇宙"的电子产品，他对禅意简约美学的执着和展现，开创了全球通信科技的崭新篇章，甚而大幅改变了世人的生活方式。

乔布斯离开十年，至今似乎没有人能真正承继他"超乎常人的直觉及创新性"，也因如此，他的传奇也更加耐人寻味。

在此，感谢山东文艺出版社让这部书能顺利在中国大陆付梓发行，尤其适逢两岸防疫极其严格、往返不易的特殊时期；也感谢大力促成交流的——台湾中华青雁和平教育基金会、山东省台港澳事务办公室等单位。写书创作从不是一条容易的路，更多的是生活的试炼及知识的反复打磨，所以更感谢台湾的长辈亲友们的支持陪伴及给予机运提携的台湾大喜文化梁社长。

这部书已重新校润修订，并增添两篇少为人知却又对乔布斯影响极其深远的番外小故事、作者创作谈，希望带给大家更多的心灵飨宴。

王紫芦
二〇二〇年于腊月午夜的台北

序

史蒂夫·保罗·乔布斯是位伟大的哲人。

他二十一岁时白手创立的苹果公司，如今几乎已是全球最值钱的公司，资产逼近一万亿美元。

而二〇〇七年横空而出的iphone更是改写了人类通信发展进程。最令人惊讶的——乔布斯是虔诚的佛教徒，自十八岁开始茹素并潜心禅修。

到底是什么样的力量让他不断地超越自己，领导世界的台式电脑、平板电脑、音乐、动画、手机、数字出版、零售等七大领域的革命？

秘密就在于"一心"。

早在二〇一三年撰写第一本书《稻盛和夫的商圣之路》时，出版社的社长就曾跟我讨论，何不开始着手研究"乔布斯与禅学"呢？当时乔布斯刚离开世人不到两年，追怀感念的潮流一波接着一波，但是为了专注完美地写好第一本著作，此计划就先暂时搁置了。直到二〇一五年底《稻盛》这本书正式完稿出版，关于乔布斯的议题才开始启动。

时间过得很快，转眼间又是两年……交稿也是一延再延。漫漫的七百多天写作期啊！

原计划今年二月就要完稿，硬生生拖延了十个月，因为乔布斯的确是世界上有分量的大人物，要完全进入他的世界，领略他灵魂深处的风景，并非容易的事。再者有关乔布斯的资料卷帙浩繁，然而异常复杂，一件事情常有两种以上记录版本出现，因此对比分析着实耗费工夫。

那段日子，我把自己沉浸到乔布斯的世界里，在台北"国家图书馆"、北部两间大型图书馆及网络中，搜罗近百本的相关资料以及数不清的网络视频、纪录片、电影；有时利用零碎时间观赏的乔布斯纪录影音，日常也反复观赏片段，推敲当时他的感受及思维逻辑；为了更贴近作为美国人的他，我也购买了重量级英文原版书阅读，只因担心译者与原作者间的细微误差会让呈现乔布斯原始风貌时有所损失。

非常感谢出版社愿意耐心等待漫漫两年的创作日子，也非常感谢周遭长辈、家人、朋友在创作期间对我的包容与照顾。成就一本忠实感动的作品必须有很多人的体谅与陪伴，再次感谢亲爱的家人、长辈、朋友及出版社。

也感谢父母从小的栽培与教导。自幼生长在佛道家庭的我，七岁时就跟随父母亲到道场听经闻法，所以"禅修"的境界及术语不敢说有相当程度的体悟，至少能略知一二。

如果问我，这本书最难撰写的部分是哪里？答案是——印度之旅。这部分耗去我绝大多数的精力,当完成这部分内容时,已经花了半年多的时间。为了还原四十多年前印度的场景、风俗民情,必得慎重研究印度古老的瑜伽文化,查阅当时西方人在印度的游历著作。当然也搜罗所有关于乔布斯在印度的蛛丝马迹。毕竟除了十七岁开始与日本禅师学禅之外,那段日子是年轻乔布斯的重要历程。

整部作品综合所有关于乔布斯的真实资料,包括他二十一岁至五十六岁媒体公开的访谈报道、纪录片……只要是公开资料都力求原汁原味地结合在这部传记式作品中。打开这本书,相信读者很快就会进入乔布斯的神奇世界,尤其是他禅修的历程。

乔布斯已离世人远去,在本书讲述其禅修的历程时,除了尽量还原当时场景并带入"禅"直指人心不立文字外,也谨慎地查证解释乔布斯禅修可能的失落之处。

希望这本书能带给大家更多不同的体悟及感动。

王紫芦

二〇一七年于冬月凌晨的台北

目 录

序 曲 /001

前奏 我是谁
1. 濒死的印度之旅 /008
2. 喜马拉雅山脚下的启示 /025
3. 无法抵达 /043
4. 差点出家的原因 /058

首部曲 初 升
1. 成立苹果电脑公司 /072
2. 25 岁的亿万富豪 /086
3. 被苹果驱离 /099

再现部　低　谷
1. NeXT　／128
2. 皮克斯　／144
3. 苹果危机　／166

最终章　回　归
1. 倒数九十天　／184
2. 回　归　／203
3. 不同凡想　／215
4. 苹果禅　／237

尾　声　禅师与乔布斯　／259

番　外　1　希尔老师　／263

番　外　2　保时捷手表　／269

后　记　创作谈　／274

序　曲

二〇〇三年，美国加州，库比蒂诺，苹果电脑总部。

"创新就像跃向空中一样，你一定要确定落下时，脚下会有土地。"乔布斯双手环胸，在中型会堂的舞台上来回走动着说道。

"产品如此，我们的业务行销是如此。"乔布斯停下脚步，盯着底下一百八十多名业务人员，"如果无法达到目标成绩，你们，所有人，我全都开除，一个不留！"他大吼道。

"两百万与惠普①谈判的订单，没有签下来却让别家公司拿走……"乔布斯继续愤怒地对着业务员训话。

"不，史蒂夫你错了！"台下一位短发齐耳的三十岁女业务站起来为自己辩护，她是负责惠普业务谈判的代表，"样品展示、简报及惠普要求的规格我们都达到了，只是当初答应购买的惠普部门主管临时遭到撤换，惠普方面突然改变了所有的要求内容……所以这不是我们业务的错！"她对着面前的乔布斯毫无畏惧地吼了回去。

---

① 惠普，惠烈－普克公司 Hewlett－Packard component，成立于1939年，为总部设在美国加州帕罗奥图的跨国科技公司。

乔布斯站在舞台正中央，眼睛直直看着这位勇于为自己的业务工作大声辩驳的女士。

"你。"乔布斯指着这位女业务，"到前面来。"

整个会堂变得静悄悄的……

从日本巡视合作厂商回来的硬件部门主管鲁宾斯坦打开会堂后门时，刚好看到这惊心动魄的一幕。

"你猜史蒂夫会不会开除她，还有整个业务团队？"鲁宾斯坦轻声地问一旁紧盯会议过程的行销副总裁席勒。

"不会，因为她在捍卫自己认为正确的理念，史蒂夫只不过在激发他们的潜能罢了。"席勒笑着说。对于史蒂夫式的"英雄与狗熊"云霄飞车，他们早就搭乘惯了。

"当下一季的业绩超越他的标准时，他就会瞬间变成和蔼的史蒂夫。"鲁宾斯坦也笑了。不过正面对"史蒂夫式"的淬炼时，是谁也笑不出来的。

两小时后，乔布斯结束会堂的百人会议走出大门，略为粗壮的身材、平整的灰白须发流露出中年企业家的从容自信。

"席勒，鲁宾斯坦。"乔布斯走向两人，他们待会儿还要继续讨论新款 iPod 的生产及配销细节。

"史蒂夫，这一次日本的……"鲁宾斯坦话还没说完，眼角就瞥见乔布斯突然苍白的脸色。

乔布斯不自觉弯下腰，整张脸皱了起来，额头开始冒出冷汗，他背部剧烈抽痛到无法直立……

※※※

孤星高挂天际,绽放耀眼光芒。

乔布斯坐在地板上抬头望着难得灿烂的星空,连日大雨将空气中的灰尘涤净,繁星尽显,而且奇妙的是——苍穹中的北极星今日特别地闪亮。

三周前在公司业务大会后那莫名的剧痛,原来是身体的警讯……

乔布斯深深吸口气闭上眼,思绪不断。

优山美地林区内的鸟群突然惊飞,啪啦啪啦地拍打着翅膀。乔布斯睁开眼,瞬间被夜里大自然中澄澈纯然的氛围深深感动。

他盘腿跏趺坐①在软硬适中的蒲团上,静静沉缓地调整着呼吸,眼角默默淌出泪水……

"乙川禅师……已经仙逝,将安葬在卡梅尔山谷的墓园。"

"禅师,你看看这就是苹果电脑公司最新最强大的主机板,我将它命名为——莉萨。"

"你,还无法担当经营公司的大任……"

"既然喜欢山城的悠闲,不如我们就搬到法国的乡间居住,别管那些恼人的事情……趁我们年轻到处游山玩水还有环游世界,何必苦苦改变世界呢?"

---

① 跏趺坐,原为婆罗门教瑜伽姿势之一,称为莲花座,后被佛教吸收成为禅坐的姿势。

脑海中层层叠叠浮现的画面，正拉扯他平静的心念，他快要无法专注在当下，专注在每一次呼吸上。

引领十八岁的他禅修的乙川弘文禅师；第一次突破极限研发的图像电脑；初入商场丛林信任的人生导师马库拉——曾残忍地背叛抛弃他；明星般美丽动人充满灵气的他曾经的爱侣贝兹，在意大利陪他散心时吐露的话语……

一阵剧烈的刺痛，让他忍不住弯下腰。

乔布斯的额头冒出冷汗，他松开腿慢慢起身，扶着桌沿，手臂努力撑住全身的重量。

大滴大滴的泪珠从脸颊滑落，眼前灿烂的星空模糊成一片。

他抖着身体缓缓地坐在椅子上，喘了几口气，拿起水杯吞了桌上的药丸。

时间分分秒秒地过去，疼痛也渐渐消散。

急促的拍水声伴随着水鸭的鸣叫，让乔布斯忆起年轻时在印度恒河畔目睹的生死交接情景。

拭干泪水，打开电脑连接网络后，他读着一封封的邮件……

他第一次没有在半小时内回复皮克斯工作室的来信，埃德想必开始在胡思乱想了……这位二十多年的挚友。

"唉——"乔布斯轻叹了一口气，还能有多少时间呢？

※※※

加州，库比蒂诺。

"在优山美地度假时，回过那个地方吗？还有到底怎么回事，竟然快一个月音讯全无，电子邮件也没回？"埃德眼里满是担忧，滔滔不绝地问道。

"当然回过,那里美极了,让我的身心重获平静。"乔布斯说道。他走在埃德前面,不让他看出表情。

乔布斯低头侧身让门口装设的虹膜辨识机扫描,不一会儿厚重的塑钢门轻启。

"这里是苹果电脑的机密室。"乔布斯转头对着埃德说道,"你看……"他按下圆钮,银白色的舱门退去,一个闪亮的全玻璃制品静躺在中央。

"这就是拥有触控荧幕的行动电话……"乔布斯兴奋地解释这一研发中的原型机,"然而我的目标不是制造电话,是设计无论功能或外观都能让人们的生活更加美好的产品。"

埃德着迷似的盯着舱门内拥有全荧幕的电子产品,突然觉得口袋里的手机即将变成过去式。

"其实我背痛了一阵子了。"乔布斯敛着眉眼意图避开埃德关心的目光,"医生帮我做了CT发现胰脏癌变,而且患有这种癌症的人,百分之九十五活不过五年……"

转头看着乔布斯略显消瘦的侧脸,埃德的眼眶莫名刺痛起来,他压抑着泪水,木然地跟着乔布斯的步伐离开机密室。

"在我'启程'之前,我希望完成三件事……"乔布斯的手臂撑在走廊的栏杆上,眼睛遥望着远方……

强劲的秋风袭来,片片泛红的枫叶被吹落在两人的脚边。

前奏

我是谁

1. 濒死的印度之旅

印度新德里亚穆纳河①的河畔,面容憔悴的年轻人喘着粗气,吃力地拖着沉重的身躯行走,他的黑发干枯、眼窝凹陷,高大却瘦削见骨,灵魂仿佛游离躯壳。

卡克——卡克——卡克——

尖嘴的冠斑犀鸟发出阵阵单调刺耳的叫声。

年轻人被声音吸引,抬头望向灰蒙蒙的天空,深褐色的眼睛流露出一丝光彩。站在恒河旁沐浴阶梯上的他,不禁深深吸了口气。

空气中飘散着泥土及热带国家独有的春天清晨气息——新鲜树叶、腐败植物、横亘数千年的古老河流和初升朝阳混合的味道。

"喔,神圣的恒河母亲!喔,阎牟纳!"

"喔,戈达瓦里!萨拉斯瓦蒂!"

"喔,讷尔默达!辛德胡!卡弗里!"

"愿你们都高兴地现身在我将净身的河水中!"

半身缓缓浸入水中的朝圣者们,一个个低声吟唱着。

---

① 亚穆纳河 Yamuna River,全长 1370 公里,起源于印度西北的本德尔本杰山西南坡的亚穆纳斯特里冰川,是印度北部主要河流之一,恒河的支流。

晨浴时分①，当地人纷纷前来圣河②沐浴、洗漱、祈福。

貌美少妇穿着色彩斑斓的纱丽，将怀里的初生婴孩缓缓浸入河水祷告；相隔数米，一群哀伤的族亲正将死去的家人尸体焚化……

年轻人往前走了几步，又忍不住跌坐在地，呕吐起来……但，胃早已吐不出任何东西。

他跪坐在河畔旁，颤抖地抵着微凉的阶梯，目睹这幕生死交接的景象，身体残存的气力仿佛瞬间被抽光。

"孩子，你怎么走了出来……还不赶快回房间躺着。"正准备到河边汲水的旅馆女主人，看到年轻人，连忙放下头顶的水缸，蹲坐在他身旁，伸出手摸他的额头，着急道。

啪！

瘦削的年轻人无力地垂着头，拍掉旅馆女主人的手。

"乔布斯——"远方粗重低沉的奇特音调，大声唤着他的名字，他还来不及撑起沉重的身躯，一阵突来的晕眩让他卧倒在粗糙冰凉的石阶上。

※※※

夕阳西斜，映照整齐的庭院房舍。

"露西，我跟你说一个秘密。"黑短裤的小男孩，皱着细长的浓眉坐在自家的草坪上，对着前方的小女孩说道。

---

① 大约清晨四点。
② 印度人认为，恒河的源头来自天堂，所以印度人又称恒河为"圣河"。出生及死亡须接受恒河之水的祝福。

"什么事?"露西拿着梳子,手不停地帮她心爱的娃娃梳着金色长发,头也不抬地问道。

"乔布斯……可能不是我的姓,保罗也不是真正的中间名。"

"你在说什么?当你还是婴儿的时候,爸妈不是就帮你取好了姓名吗?"露西抬起水蓝色的眼睛,狐疑地望着他。

"我……是被领养的。"

"所以说,你真正的爸妈不要你了?"

"我真正的爸妈不要我……"小男孩表情一滞,重复着这句话。

"史蒂夫……"露西抱紧娃娃,探向他关心地问道,"你怎么了?"

"哇——"小男孩突然放声大哭,眼泪大颗大颗地掉下。

"史蒂夫……你不要哭啦……我……娃娃送你……"露西慌了手脚,她从没看过眯眼爱笑的史蒂夫哭,似乎被吓到了。

"不……"史蒂夫从草坪跳了起来,抛下露西,跌跌撞撞地跑回家里,嘴里不断地哭喊着,"爸妈不要我了,爸妈不要我了……"

直奔进家门的史蒂夫,还没扭开自己房间的门,就被原本在后院整理木材的母亲抱个满怀。

"发生什么事情啦?谁欺负我的小宝贝了?"听到小史蒂夫急促的脚步声,克拉拉·乔布斯[①]很快地放下手边的家务,冲过来关心自己的儿子。

---

① 克拉拉·哈戈皮安·乔布斯 Clara Hagopian Jobs,亚美尼亚移民之女,1946年与保罗·乔布斯结婚,1955年领养甫出生的史蒂夫·乔布斯。

"不……不要……真正的爸妈不要……"小史蒂夫断断续续抽噎着。

克拉拉跪坐在六岁大的儿子前,将他紧紧搂住。

小史蒂夫哭得涕泪纵横、满脸泪水,他用力推开母亲,继续哭叫道:"生我的爸妈不要我……啊……他们不要我……"两只脚不断地蹬踏地板,他的世界崩毁了……没有人爱他,甚至连真正的爸妈都不要他……

"我的儿子,我的宝贝。"小史蒂夫头上传来父亲低沉而激动的声音。

保罗·乔布斯微喘着气,脸上布满刚在车库整修汽车底盘时留下的汗水污渍。他从口袋掏出手帕,轻柔地擦干儿子的泪水、鼻涕。

保罗深邃湛蓝的眼睛牢牢地盯着小史蒂夫说道:"我的儿子,注意听好了……"他用前所未有的严肃语气,清晰地一字一句吐露出他对儿子的爱。

"你是我们特别精挑细选的宝贝。"保罗停顿一下,又说了一次,"你,是我跟妈妈精挑细选的宝贝,全世界最与众不同、最珍贵的宝贝。"

"精挑……细……选……"小史蒂夫抽抽噎噎地重复着,指节泛白地紧捏着母亲的衣服。

"是的,你是我跟爸爸特别挑选的宝贝。"克拉拉拨开小史蒂夫额头上湿黏的黑发,轻柔地跟他说。

小史蒂夫渐渐停止了哭泣,原本僵硬的身体慢慢放松下来,嘴里喃喃念着:"精挑细选、精挑细选……"

保罗从克拉拉的怀中接过儿子,粗糙的大手抚拍着小史蒂夫的背,侧过脸爱怜地亲吻着小史蒂夫柔嫩的脸颊,说道:"是的,因为史蒂夫是最与众不同的,是爸妈最疼爱的宝贝……"

秋日周末的午后,白色的窗户缝里吹进阵阵凉风,六岁的史蒂夫被抱在父亲温暖的怀中,原本急促慌乱的心跳渐渐平稳。眼皮开始沉重的他,手仍紧紧环住父亲粗壮的脖子。

※ ※ ※

乔布斯的手臂抽动了一下,浑身疼痛地从硬邦邦的床上清醒过来,鼻子里充斥着腐泥及辛香料味,四周依旧是简陋未经粉刷的墙壁,外头偶尔传来猴子吱吱的叫声。

"水……"他吃力地翻身坐起,立刻看到装满水的黄铜水壶及一瓶矿泉水摆在床头,他毫不犹豫地拿起矿泉水,扭开瓶盖,咕噜咕噜地灌下。

透凉的水让他精神为之一振,才模糊忆起自己在河畔晕倒了,应该是被旅馆主人带回来的。他喘了口气,窗外炙热的空气随即涨满肺部,他将瓶底剩下的水一股脑浇在脸上。

来到印度新德里已有半个月了,他在德国慕尼黑处理好雅达利公司①交办的零件安装及电玩画面更新率问题,便一路从都灵、瑞士卢加诺,飞往期盼已久的印度。

没想到四月的北半球竟可以如此酷热,一下飞机他就快被热气蒸腾的柏油路烤干,又遇到只在乎是否能赚酬佣的出租车司机,将他载到这间简陋、卫生不佳的旅馆,又喝了不洁净的水,得了上吐下泻不止的痢疾……若不是……

---

① 雅达利公司 Atari,电动玩具制造商。

蓦然，一道刺眼的金光打断他的思绪，远方映入眼帘的景象让乔布斯脑袋一阵空白。

艳阳将远方清真寺金色浑圆的屋顶，洗润出神圣庄严的光辉，地平线一端深绿色的亚穆纳河如鱼鳞般闪耀，映衬着一旁宁静的低矮平房。

他睁大眼看着这幕绝美的景致，身体的虚弱及肠胃的不适，瞬间消散。

刚刚似乎在梦里回到了六岁，知道了被遗弃，但也被呵护疼爱……被呵护疼爱的时候啊……

"咚咚、咚、咚咚咚……"急促的敲门声打断他的思绪，未锁的房门很快被推开。

"看来隔壁中国老先生的方法非常有效，你恢复得非常好。"一张黝黑的脸探了进来，喑哑的嗓音在这时让乔布斯觉得错愕。

旅馆男主人——沙鲁克，咧嘴露出洁白的牙齿，他笑容满面地对着乔布斯点点头后，指使后面端着餐盘的侍者，将新鲜丰盛的食物摆在房间唯一的木桌上。

他走向乔布斯继续说道："你昏倒后，我跟塔拉将你抬回来。这盘包裹蔬菜的帕拉塔①会让你更快恢复的……"

"请解释什么是隔壁老先生的方法？"乔布斯沉着脸，低声打断他的话问道。

"那对中国老夫妇热心地将随身行李中的特殊草药混着米煮

---

① 帕拉塔 Paratha，印度餐饮的一种主食，炭火烘烤的面饼，加上奶油，口感较丰厚柔润。

烂,然后一点一点地慢慢滴入你嘴里。"沙鲁克歪头思索了一下,"他们说是……森①……"他努力重复记忆里的发音。

乔布斯倒吸了口气,并不领情地说道:"不要随意在我无意识时,给我饮食;没我的允许也不要随意进出我的房间。"他大步走向门口并粗鲁地打开房门,"我大概会再停留五天,餐饮费、住宿费会最后一起计算给你,谢谢……"乔布斯将"送我到医院医治"的话吞回肚子,因为他不太相信这里的医疗——他忆起街道旁坐在矮木凳、手拿铁钳,露天帮患者拔牙的牙医。

沙鲁克带着侍者,很快地离开乔布斯的视线,沙鲁克脸上有种奇怪的表情,阖上门前嘴里还咕哝了几句话。

直到确定旅馆主人的脚步声远离,乔布斯才拿起餐盘,盘腿坐在地上,一口一口地慢慢吃起来。

中午艳阳高挂两小时后,晴朗的天空忽然乌云密布,整片大地黑压压的看不见一丝阳光,街道旁拥挤穿梭的人们、街边正忙着做生意的小贩几乎都停止了动作。

雷电瞬间点亮城市,暴起狂风吹飞了两旁搭建的布棚和来不及收进屋内的布匹、货物……洁净透绿的亚穆纳河被暴雨搅弄得如黄土泥浆般混浊不堪。

站在窗前的乔布斯睁着深邃的眼,看着这天地间令人猝不及防的变化,外面的雨水喷湿了他长满半脸的胡须、及肩茂盛的

---

① 森,这里想说"参"。人参,大补元气的中药材;中医认为人参补气、羊肉补形。

黑发。

轰隆、轰隆、轰隆……

雷鸣伴随一阵又一阵的闪电,将昏暗的街道一次次地照亮,他情不自禁地闭上双眼。

他仿佛回到十三岁时,搬离混乱复杂的学区,在细雨中满怀兴奋看着即将就读的新学校——家园高中①。那时跳级读书的他终于可以脱离被霸凌、勒索威胁的恐惧,拥有一个崭新的开始。

抽痛的肠胃将他从回忆中唤回,他抱着肚子冲到厕所又一次狂吐。

外面的暴风雨沉寂了下来,乌云早已褪去,雨中混浊的亚穆纳河现在重新变得澄净碧绿,空气中的烟尘消散无踪,天际间显得更开阔明亮。

※※※

经过整整两天的静养,乔布斯体力逐渐恢复,他背起随身行囊,锁好房门,又反复查看几次,准备动身前往新旧德里间的观光区。

赤脚踩在湿热泥地上,乔布斯走进旅馆主人所介绍的热闹市集——强德尼丘克大街②。放眼皆是低矮的平房,几台露天摆放

---

① 家园高中 Homestead High,位于乔布斯当时居住的洛斯阿尔托斯 Los Altos 附近,也刚好在库比蒂诺 Cupertino—森尼韦尔 Sunnyvale 学区内,这学区也是全硅谷最安全、最适合居住的区域。

② 强德尼丘克大街 Chandni chowk,自莫卧儿帝国(公元 1526 年建立,"莫卧儿"即蒙古之意,是成吉思汗后代巴布尔所建立),旧德里最有特色的商街,商品琳琅满目,应有尽有。

的缝纫机正做着现场缝纫的生意,街道两侧的店面前,棋盘式交错着一个个的摊子。电器行前有卖衣服、卖皮包的……再往前又有卖锅具的小贩,讨价还价的声音此起彼伏。

墙边还不时出现衣衫褴褛的小孩伸出手对着陌生人喊着:"一卢比、一卢比。"大概是由于褐色的长袍及满脸胡须憔悴消瘦的模样,乞讨的小孩并没有靠近他。

商铺旁挤满人的公交车站牌前,突然起了一阵骚动。

"喂,喂,要准备上车……"头上缠着布巾的印度年轻人对马路对面的朋友大声吆喝,聚集在公车站牌前的二三十人突然狂奔起来。

乔布斯这才注意到,后方一百多米处来了辆满载的公交车,不仅车顶上坐了人,连车门也有两三个人攀附着。

时速三十公里的公交车并没有停下,它稍微减慢滑行了六七米,又继续加速,只见路旁奔跑的人拼命抓住车门、扶杆、车窗上任一块金属,只为了能顺利攀上车;站在车门边的乘客,更是腾出一只手协助要跳上车的人。就这样原本在街上追着车狂奔的人,一个接着一个全都上了车。

乔布斯瞠目结舌地看着这一幕,宛若在看电影中的场景。

"嘿,兄弟,刚来印度啊!"绝尘而去的车上跳下一名光头男人,他走向乔布斯灿烂地笑着说。"亨克,二十二岁,来自荷兰。"自称亨克的男人友善地伸出手。

乔布斯适应了一下对他搭讪的陌生男人的说话腔调后,皱眉问道:"你怎么知道我听得懂英语?"虽然英文是印度十五种官方语言之一①，印度人日常生活用语也多是英语，且自从风靡世界的披头士乐团成员来过印度后，欧美年轻人中也兴起前往印度的风潮，在印度遇到会说英语的人再平常不过，但身处陌生国度的乔布斯，对这位突如其来、看似跟他同年的荷兰人仍有几分戒心。

"呵呵，兄弟，我知道你。"亨克绕到乔布斯身侧，拍拍他的肩膀，"你住在沙鲁克经营的旅馆。"

"你也是住那里？"乔布斯心底涌上几分亲切感，"史蒂夫·保罗·乔布斯，十九岁，美国加州。"他自我介绍道。

"我住在正门最左侧的房间已经一个多月了，前天还看到沙鲁克和侍者塔拉带回当时昏迷不醒的你。"亨克笑着继续说，"看你的气色，你的'德里胃'② 应该好得差不多了……"

"何止是肠胃不适，我还得了痢疾，否则怎么可能体力不支昏迷在外。"乔布斯懊恼地回道。

两只横街而过的猴子，忽地靠近正在说话的两人，并一前一后紧抓着亨克的长裤管。

亨克顺势蹲下身，从袋子掏出几片饼干给两只乞讨的猴子，其中一只脖子上还戴着一个快枯萎的花环。

"看来……这附近有人家正举行婚礼。既然好不容易来到新德里，我们就去凑个热闹吧！"亨克起身对着惊诧又有点狐疑的

---

① 印度曾受英国殖民统治两百多年，因而英语教育也在印度持续两百多年之久。印度政府规定教学使用三种语言——印度语、英语及地方语言。而印度的货币（卢比）上，还印有宪法上所规定的十五种官方语言。

② Delhi belly 俚语，指游客吃不惯印度的食物或水土不服而出现急性腹泻症状。

乔布斯开心地说道。

※※※

"亨克，亨克。"乔布斯用脚踢了踢趴睡在房间地板上的亨克，亨克满是胡楂的脸抽搐了下，还是一动也不动。看来是参加婚礼一连几天的狂欢派对，痛快豪饮后的结果……"德里胃"尚未痊愈，或许也有好处，祝福完新人便急忙回旅馆的乔布斯，这几天都在市区闲晃。

乔布斯及肩的长发随意扎在脑后，他回过头来继续趴在斑驳的木制窗框上，仰望着西边橘红浅蓝层层叠叠的天际。

连续数天的暴晒后，天气变得干燥异常，一天比一天酷热难熬，头顶上的天空晴朗到连一片白云也无，棕色地面甚至现出一道道纵横交错的裂痕。

外头除了偶尔经过的车声、鸟鸣及人们细碎的交谈声外，几乎是寂静悄然；家家户户门窗紧闭，连乞丐都不见踪影。

五天前纷乱华丽、充满笑闹的印度婚礼的场景，在他的脑海里翻滚。

乔布斯轻轻合上了眼。

为何婚礼上近百名宾客，还有新人们，对于陌生的西方客人，可以毫无心防地拉着手、玩起藏鞋子捉弄新郎的游戏，并热情地在他和亨克的脖子套上一圈又一圈清香鲜嫩的花环。

婚礼对自幼在美国旧金山成长的他而言，是神圣庄严的。双方亲属按照名单邀约客人，依照既定程序进行仪式，接受牧师的祝福，交换戒指……相较而言，印度婚礼随性自在，轻松中有一股说不出的欢乐情绪。

近百名宾客在大街上随着音乐摇摆起舞，累了就向旁边的摊贩买冰饮解渴。虽然街道上满是果皮垃圾、衣衫褴褛的孩童，但毫不影响参加婚礼的宾客欢欣鼓舞地又唱又跳，甚至连路人也加入舞蹈的行列。

乔布斯的脚，不知不觉打起了节拍。

印度，让他一心向往的神圣且充满未知的地方。里德学院里所阅读的《此时此地》① 故事场景、心灵导师尼姆·卡罗里·巴巴②领着数以百计的美国人、欧洲人一起冥想突破现实的疆界……莫不让他心驰神迷。

他极度渴望知道生命的起源，人从何而来、为何而去。超脱现实感官，感受那种难以言喻的体悟。旧金山的禅修中心，似乎还满足不了他对内在灵性的探求。

"史蒂夫，你说……你的朋友何时会来……跟你在新德里会合？"躺在地板上昏睡的亨克不知何时醒来，径自拿起柜子上的矿泉水咕噜咕噜地喝着，问道。

"六月。"乔布斯回道。

"要不要一起去瑞诗凯诗③?"他将水喝得一滴不剩，"参加

---

① Be here now，拉姆·达斯导师（Baba Ram Dass）描述自己于1967年的印度之旅及对冥想的探索。

② 尼姆·卡罗里·巴巴 Neem Karoli Baba，1960年代许多的美国、欧洲嬉皮士所崇敬的上师。Baba，印度敬语，爷爷的意思，任何开悟的人都可称为 Baba，即使是非常年轻的人。

③ 瑞诗凯诗 Rishikesh，素有"世界瑜伽首都"之称，位于北印度地区群山环绕的宁静小城，因恒河贯穿整个城镇，所以不少印度教寺庙沿着恒河而建。

十二年一度的大壶节①。"

"明天？"

亨克点点头。

※※※

他们刚下车，就看到庞然的巨象，一只挨着一只顺着长长的游行队伍前进。

干瘪羸弱满身尘灰、脖子上挂满祈福花环的苦行僧，骑着厚皮布满褶皱、散发泥巴苦涩腥味、约莫两人高的巨象。其他一旁步行的苦行僧，腰间围条素色的长布、手拄木杖，脸上挂着不知道是微笑还是淡漠的表情，缓缓跟随。

乔布斯摇摇晃晃，昏头昏脑地走着；亨克则是精神奕奕地左右张望。刚才他们经历的六小时两百多公里的车程颠簸异常。待在印度大半年的亨克已相当适应这里的交通状况——换公车、搭便车、换货车，还有与漫天开价司机一来一往的唇枪舌剑的议价。

风沙阵阵，稍微张口喘气就会不小心吃进沙子，他们跟着人群四处乱晃，才发现沿着灰蓝的恒河两侧，除了一处处人工修造的河阶外，还有干黄的土地上挤满的各种样式为数惊人的帐篷。

有人突然从帐篷内探出头来，刚好跟乔布斯面对面四眼相对。

---

① 大壶节 kumbha Mela，印度教每十二年举行一次，为时约五十五天的宗教活动。此节日最早的记载来自玄奘所著的《大唐西域记》所称的"无遮大会"。

"小伙子，是否需要为你祈福呢？"头上缠绕白色头巾老迈的印度修行人问道。

乔布斯来不及张口拒绝，亨克便抢先回答说："没问题，需要多少卢比？"

"一百卢比，或是给我二十美分。"老迈的修行人哑着嗓子说。他又指了指挂在帐篷外的木板，继续道，"睡不卧床站立而眠已经三十年了，今年七十岁的我不但是虔诚修行人也是专业的占卜者，祈福外也顺道帮你们占卜未来……如何？占卜收费五十卢比。"

老迈的修行人掀开帐篷，一股烟熏味扑鼻而来，简单的矮桌旁早已围坐几位身穿褐色长袍的外地游客，听他们的交谈口音，应该也来自美国西岸。

"你要占卜就进去，我到附近转转。"乔布斯对着亨克说道。一路饱受行车颠簸之苦的他只想呼吸新鲜空气，而且帐篷内散发的特殊气味更让他无法忍受。

老者忽然抬头盯着乔布斯微带憔悴的双眼。

"你的内心充满风暴……同时也深埋着寂静。"

"无论是风暴或是寂静，都是我的选择。"乔布斯淡漠地回道。

他漫无目的地跟着汹涌的人群行走，不一会儿后方毛茸茸的骆驼队伍，又将人群推散到两边。

闷热的空气逐渐弥漫着清凉水汽，离恒河愈近似乎就愈有股说不出的庄严气氛，喧闹的声音被吟唱赞美诗歌及低喃梵语声所取代。

乔布斯注意到一群衣着轻便的人，如雕像般或站或坐在一大片用木板搭建的平台上，静谧的氛围让他不自觉地加紧脚步。

"唵……"二十几位年轻人，跟着满面白须的长者恢复跏趺坐的姿态，面容平静双手合十。

印度白须长者黝黑的脸上，满是岁月的风霜，他缓缓睁眼对着呆立在前的乔布斯。

"一起加入吧。"如山谷间回声般的嗓音，有股镇定心神的魔力。

乔布斯不发一语地走到白须长者的跟前，矮下身子双腿交盘安坐在木板上。

"吸气……像是吸收所有的能量……吐气，忘掉现在、过去、未来……忘掉所有一切。"伴随着印度白须长者特殊的英语腔调和钟鼓般深沉的声音，乔布斯开始感觉身体有如羽毛一样轻盈，如在空中飘浮、又沉入大地。

※※※

初春回暖之际，连绵山棱间的白雪还未融化，海拔一千五百多米的卡梅尔①山谷弥漫着浓浓的雾气。

塔萨加拉禅宗中心②的禅堂，聚满了从美国各地前来寻觅内心般若③、各形各色的人们。

禅堂前，花瓶里绽放淡雅香气的含苞的百合与炉内燃烧的檀

---

① Carmel。
② Tassajara，日本乙川弘文禅师在加州旧金山开设的禅修中心。
③ 般若，也称为智、智慧。

木，交融成独特让人醒神又静心的味道。

"心的宁静超越你呼吸的尽头了吗？"坐在堂前清癯的日本禅师问道。

禅师微笑环视禅堂里年轻的面孔，有的人眉头轻蹙脸色不耐，有的人半眯着眼身体却微微晃动。

"如果你的出息平顺，不要试图硬呼气出去，因为你就在进入心全然完美宁静的状态。"禅师停了会儿，继续问道："你们听到禅堂前百合花开的声音了吗？"

禅堂里坐在最后的留着金色齐肩短发的女学生忽然举手。

"乙川禅师，花开的声音怎么能听到，人又不是昆虫……"女学生的话语未完，全场闭眼禅坐的人，几乎全忍不住笑起来。

咚、咚、咚。

乙川禅师噙着笑，拿起禅杖用力捶了捶地面。

※※※

咚、咚、咚、咚……

印度白须长者大力来回在木板上蹀步，发出咚咚的声响。

"刚来的年轻人，"白须长者蹲坐在乔布斯面前，"你的灵魂回来了吗？"

乔布斯身躯抽动了一下，忽地睁开眼。

"这不是你该问的事，"乔布斯轻扯嘴角似笑非笑地继续说道，"请你教导我如何去除内心的不安及迷惘。"

"哈哈哈哈哈哈……"白须长者大笑起来，他向站在灰色帐篷前体格壮硕的青年挥了挥手。

"这个奶昔①可以帮助你……哈哈哈哈哈……"白须长者指着他亲自调制呈墨绿色的令人狐疑的奶昔,咧开嘴露出门齿对着乔布斯大笑道。

头戴白色布巾的壮硕青年,端来灰色帐篷前未贩卖完的绿色饮料走近,乔布斯四周追随白须长者的修炼瑜伽的人们,纷纷掏出纸钞接过壮硕青年手中的奶昔。

正当乔布斯准备跟着大家将充满椰子香气的绿色奶昔一饮而尽时,远远看到亨克拼命挥动双手,从百米外处狂奔过来。

他握着瓶身喝下不到一半,就开始感觉天旋地转。

---

① 奶昔指 Lassi,一种印度常见的酸奶饮料,不同的店家会加入不同的调制材料。

2. 喜马拉雅山脚下的启示

沃兹尼亚克①放下手中的奶油苏打汽水,打了一个嗝。

"没想到我们还真的成功了!"沃兹尼亚克用手随性地抹掉胡子上的汽水渍,勺子般的长脸透着一股满足。

"我的音频振荡器不稳定、复制不出正确的频率,也只有你能做出数字版的蓝盒子,二极管、电阻、绝对音感的音乐系学生……哈哈哈哈哈……免费拨打出去的电话啊,我们真的成功打败政府用十多年心血及上亿造价的电信设备……哈哈哈哈哈……"乔布斯笑得合不拢嘴,爽朗高亢的声音引来餐厅其他人的注意。有些年轻女孩看到他俊俏挺拔的模样,不禁低头私语一番。

沃兹尼亚克看到周遭女孩们投注过来的目光,连忙别过头去假装整理自己的随身笔记。父亲是加州理工学院的高才生、设计导弹导航系统的工程师,从小与电子零件为伍生活的他除了研究电路板、晶体管外,就是自学编程……但过于内向害羞的个性让他到了二十一岁还没参加过半次联谊,对于异性交往更是一窍不通。

乔布斯对于旁人的眼光似乎早已习惯,自顾自地眉飞色舞讲

---

① 史蒂夫·沃兹尼亚克,父亲弗朗西斯是设计导弹导航系统的工程师;从小聪颖好学又极具电子学的天分。1970 年因费尔南德斯(Bill Fernandez)介绍认识小他五岁的乔布斯。史蒂夫·沃兹尼亚克(Stephen Wozniak)和史蒂夫·乔布斯(Steve Jobs)由于名字读音相同,常被人称作"史蒂夫二人组"。

述蓝盒子①的贩卖状况。

"喂,老弟们。"沃兹尼亚克后面那桌一群牛仔打扮的嬉皮士突然走了过来。

"有可以免费拨电话的神奇玩意?"带头穿着紧身背心、瘦如竹竿约莫二十岁的男人问道。

"当然有,我们甚至可以用外头的公共电话示范给你看。"乔布斯立刻站了起来,一边示意好友沃兹尼亚克赶快结账。

一伙人随着乔布斯走到了电话亭,沃兹尼亚克熟练地拆掉电话线,拿出背包里的蓝盒子的线路接了上去,并随意拨打到芝加哥的店家。

"太神奇了……这价格多少?"瘦男人问道。

"一百五十美元。"乔布斯很快地回道。

瘦男人听了回头跟嬉皮士朋友们讨论了一会儿。

"你手上的蓝盒子可以直接卖我,算便宜些?"瘦男人问道。

乔布斯看了沃兹尼亚克一眼,随即点头说道:"好,一百二十美元……不能再低了。"

"成交。"瘦男人弹了个响指,接着说道,"钱我放在车上,跟我过去拿吧!"

下午斜照的夕阳让停车场里的汽车蒙着一层奇特的光晕,乔布斯眯了眯眼紧跟在四五个嬉皮士后头。

瘦男人走近白色雪佛兰汽车,拉开驾驶座的车门,对着乔布

---

① 蓝盒子 Blue box,内建电子零件,是可模仿电信营运商的拨号控制讯号,破解电话系统的工具,常用来拨打免费电话。随着电信系统数字化,蓝盒子目前在多数西方国家已经无法使用。

斯招招手。

乔布斯矮着身子低头看瘦男人从椅子底下准备掏出现金，正要一手交钱、一手交货时，一股奇异的冰凉感突然穿透全身。

"老弟，快把东西交出来。"一把漆黑的手枪向下抵住乔布斯的肚子。

一瞬间，十六年的生活点滴全都在他脑海里如幻灯片般快速闪过。

冷汗从乔布斯的额头冒出，他紧盯着敞开的白色车门。

若是用力把车门关上，就能夹住他的腿……我跟沃兹尼亚克应该可以趁机逃跑……

他眼角余光飞快地向右后方面色惨白的沃兹尼亚克扫过。

但……跑走的同时，也可能被这群盗匪朝背部开枪……

乔布斯的脚不听使唤地倒退，周遭安静得只剩下自己的呼吸声，眼前这把泛着冰冷光芒的 M29 左轮手枪，变得巨大无比。

"我……这个……"过了仿佛一世纪，乔布斯的喉咙终于发出干哑的声音，他颤抖着将手中的蓝盒子递出。

穿紧身背心的持枪瘦男人漫不经心地将蓝盒子接过，并快速念了一串号码。

"这个是我的电话，东西我先拿走，若真的管用没有任何问题，还是会付钱的。"话一说完，瘦男人很快地招手与其他同伙上车扬长而去。

直到汽车的引擎声远离，乔布斯才跨出虚软的步伐，坐上自己的双色纳什大都会轿车。

"刚才那是真枪是吧？"乔布斯两眼直视着一百多米处的比萨店招牌，僵硬地扶着方向盘问道。

"是的……"沃兹尼亚克浑厚的嗓音也变得沙哑。

"用命换一百二十美金……不值得……对吧?"乔布斯接着说道。

"嗯。"沃兹尼亚克爬满黑色胡须的脸依然惨白。

乔布斯紧握方向盘的手瞬间布满青筋,长长吐了一口气后,才拉开手刹车脚踩离合器换挡……

如果今天就是我生命的最后一天,这些事情值得我去冒险吗?

世界原来充满无可预料的变化,父母都可以抛弃自己赋予生命的婴孩,何况是陌生人……

养父母宠溺又无可奈何的神情突然浮现在脑海,为了让他逃离那充满霸凌记忆的七年级,掏空积蓄举家搬迁到洛斯阿尔托斯……

乔布斯麻木地抓着方向盘,笔直的道路、来来往往的车辆行人、稀疏的建筑物好像离他很远很远……

他油门踩得很轻,跟往常不太一样……他也没有将录音带推进卡槽里听鲍勃·迪伦一九六六年的现场演唱……只有风从车窗缝中灌入的呼啸声。

※※※

当他苏醒的时候,脸上有股凉意。

三位面生的印度青年绕着乔布斯不断地吟唱祈祷文,蹲坐在旁的亨克眼睛半眯拿着大扇子手不停歇地往他的脸上扇风。

"我们走吧!"乔布斯浑身酸痛地扶着沉重的头坐了起来,长发及浓密的胡子濡湿成条状,褐色的长袍前襟散布着一块块还没干透的青渍。

"你醒啦！真快……幸亏我发现得早，一般刚到印度的游客都不太敢尝试这个的。你的德里胃又还没好……还有光是坐车到这里都快去掉你半条命了……"

"我已经醒了。"乔布斯打断他的话，"你应该看到我已经醒了。"他哑着嗓子又重复了一次。

亨克张嘴愕然地看着这位认识不久的旅伴，觉得他突然变得陌生起来。

"请再支付五十美分。"三位原本绕着乔布斯诵念祈祷词的印度青年伸手向亨克讨钱。

乔布斯很快地从衣服的夹衬里拿出一枚硬币，塞进最靠近他的印度人手里。

亨克紧跟在乔布斯身后快速走着，身上左右各背一个包，直到身后的灰色帐篷隐没在地平线下，乔布斯才停下脚步，全身虚乏地跪了下来，膝盖深深陷在黄褐色的沙地里。

河水凉爽的气味扑打在他被晒红的脸上，凌乱的须发夹杂着飘散在空气中的沙尘。

"恐惧……"乔布斯干裂苍白的嘴唇断断续续地吐出几句话，"……生命的尽头……宁静……冥想……"他将脸深埋在掌心，瘦削的肩膀一颤一颤地抖着，"呜……"

泪水从指缝中渗出，乔布斯的手肘抵着膝盖，整个人弯曲成一团。

"沃兹尼亚克和我组装出……免费拨打电话的蓝盒子……操控……十亿美金的电信设备……有人抢了它……拿枪……如果……死了呢？"乔布斯低声自言自语着。

"生命……开悟……禅坐……"他的鼻音变得更浓浊,"为什么他们不要我……独一无二……既然是独一无二精挑细选……"说到这里,乔布斯突然抱着肚子干呕。

"史蒂夫——"亨克弯身不安地看着乔布斯蜷曲成一团又不断喃喃自语,他的手停在半空中,不知道是否要安抚这位情绪忽好忽坏,令人捉摸不定的友人。

宽阔的蓝天飘来几片羽毛般的薄云,阳光烈焰般的照耀着一簇簇遥望无际各种样式的篷顶,云涌而来数十万计的印度人、苦行者、瑜伽士、各国的游客……虔诚的、好奇的、想一探究竟的或是趁机捞一笔的,挤满原本沉静灰蓝的神圣千年河岸。

※※※

旧德里车站。

大白天的车站大厅因阳光角度而几乎看不见光线,微弱的风夹杂雨后的湿润、草香、牛只动物的味道在空气中摆动。

火车进站时响起汽笛声,铁轨与车身摩擦发出轰隆声,大厅内塞满了壮观的躺卧在地的人,提着皮箱背着行李的旅客用各种奇怪的跳跃脚步穿梭,吵嚷的杂音几乎快冲破屋顶。

乔布斯面色清冷地站在火车站的候车室盯着窗边墙上框起的餐厅的点心价目表。

    茶(已煮好,两百毫升) 五十派士[①]
    茶(两百八十五毫升一壶,另附牛奶砂糖) 五十派士

---

① 一卢比等于一百派士。

扁豆＋蔬菜和凝乳＋八片印度薄饼（两百二十五克）
二十派士

四片印度薄饼（一百一十五克）＋米饭＋脆饼＋果酱或酸黄瓜或沙拉两卢比　二十派士

三明治（加蛋）一盘　八十派士……

矮小黑不溜秋的服务员，跨过几个横躺在地板上全身包得密不透风正在熟睡的候车的旅客，双手高举盘子，对着乔布斯喊道："先生，您的餐点。"

"史蒂夫，就此道别了，我还得赶往南印度找朋友。自己留心注意些。"拱门边五米远的亨克对着乔布斯的方向摇晃车票。

"谢谢你这几日的向导。"乔布斯抓过服务员递来用香蕉叶包裹的食物，一边点头说道，"一段难忘的行程……"

"接下来计划去哪里呢？"离开没几步的亨克又不放心地转头大声问道，他记得乔布斯还有一位友人要从美国过来和他会合结伴同行。

车站入口又是一阵喧哗，好像又是刚出站的旅客与三轮车司机起了争执。

"再见了，保重啊！"乔布斯好像没有听到亨克的问话，抬起头对着亨克的方向用全身的力气大声道。

亨克的身影很快被涌进来的旅客冲远了，他们彼此伸长脖子想听到对方的回话……而声音却被一阵又一阵的音浪淹没。

※※※

落日余晖将船只河岸染成橘红，朴实的茅屋横遍山谷田野间，圆润的丘陵在天际云彩边勾勒出一道道墨绿色的弧。

宽阔的河流，被二十艘串联在一起的船只搭成的浮桥分成两端。这里是接近奈尼塔尔①的小村落，传说是著名的卡罗里上师曾经住过的地方，就在浮桥的彼岸。

几天的风餐露宿，让乔布斯的身形更加消瘦，白皙的肤色早已被晒成发亮的古铜色。

"卡罗里上师住在哪里？"满脸黑胡的乔布斯走下船，转身向守桥人问道。

"上师今年三月出现在浮桥边替人治病，但他已经八十岁，相当年老了……我们已经两个月没再见过他走出茅屋。"守桥人伸出指节凸出干黑的手，往夕阳的方向比了比，"可能已经不在人世了。"

守桥人的仆人和船夫将乔布斯的唯一的行李搬下船。远方传来乐团的笛子吹奏的颤音，夹杂着鼓声和不知名的乐器声……

那是印度婚礼的乐音。

乔布斯不知不觉松开眉头吞下咒骂的话，直直地盯着守桥人，过了半响才开口说道："你说卡罗里上师过世了？"

"是的。没有别的事我们要走了。"守桥人回答后，很快地离去。

除了一头凌乱的须发，乔布斯一身的样貌衣着几乎与当地人毫无二致——赤足、随意用麻绳系上的棕褐色宽松棉衫、长及腿

---

① 奈尼塔尔 Nainital。

肚的棉裤。

拖着行李走进朴实原始的村落，乔布斯的身影隐入人群中。

接近地平线的太阳很快西沉，缓步拖行重物的牛车、叫跳的猴儿及成群的鸟、在泥巴翻滚戏耍的当地孩童……世界仿佛一瞬间静谧下来，散布在棕色大地的砖瓦屋房悄然覆上一层薄薄的月光。

乔布斯紧紧拽住自己的行李，不知不觉地望向布满星辰的天空，成千上万颗如钻的星子闪耀在他深褐色的瞳仁里，银河缓慢地流淌在巨大无垠的苍穹中……他好像听见自己胸膛内心脏的跳动，脑海繁杂的思绪消失，一股莫名安定的力量涌上。

"先生，请问需要住宿吗？前方不到一公里处提供租屋。"微胖的中年印度妇人头顶着黄铜水壶，露出洁白的牙齿亲切地问道。

"好。"乔布斯很快地回神答道，连他自己也觉得相当不可思议，为何自己会突然信任这位印度妇人。

跟着妇人转了几个弯，进入窄长的巷弄，跨过匍匐在泥地上酣睡的牛只，砖屋茅房前，几个蹲坐在石头上留着灰白长须、额头点画着湿婆神①的蓝色第三只眼的瑜伽士吞吐着烟圈，巷弄中飘散特殊的薰香及植物精萃的芬芳。

在乔布斯沉浸在奇异的宁静氛围时，斯文南达旅社的白色木板，映入眼帘。

月光覆满夜空，在昏黄的街灯照射下，整栋砖块堆叠的墙面

---

① 湿婆神 Shiva，为印度苦行之神，代表通过最严格的苦行获得最深奥的知识及神奇力量。

上的波斯蓝透着神秘的色晕，衬着一旁镶入壁内的乳白色招牌，整体散发朴实又温馨的美。

乔布斯毫不犹豫地向旅馆主人付足了七天的房租，他很快住进布置简单的房间内，躺在木板床上望着未经修饰的水泥天花板，思绪不断地奔腾着。

※※※

"丹尼尔，你要赶快出发，不然就赶不上飞机了。"丹尼尔·科特基①的母亲站在楼下朝科特基的房门喊道。

"旅行支票已经帮你多准备了五百美金，你那位朋友——史蒂夫，你跟他约好在新德里的哪间旅舍会面了吗？"丹尼尔·科特基的双亲都是纽约公司的高级主管，住在纽约郊区的他们，生活相当富裕。

科特基放下手边的书——《突破精神唯物主义》②，拉开房门回答了母亲问话。

书中的字句还在心中萦绕着，他微垂的大眼流露出温和的光。

不知道一个多月前抵达印度的乔布斯见到卡罗里·巴巴大师了吗？

房间内的电话突然响铃大作，科特基愣了一会儿才接起。

---

① 丹尼尔·科特基 Daniel Kottke，乔布斯在里德学院的至交好友。他们因为同样对东方佛道禅学、鲍勃·迪伦的歌曲着迷，而成为莫逆之交。科特基除了与乔布斯一同踏上印度之旅外，亦是苹果公司草创时期的员工。

② 《突破精神唯物主义》，作者丘扬创巴，一位备受西方崇敬的禅修大师和艺术家。

"听说你今天要搭机飞往印度跟乔布斯会面,他这阵子打电话或是寄信给你了吗?"电话一接起来,对方劈头就问。

"克里斯安①,你话说太快了……"接到乔布斯女友突如其来的电话,他一点也不诧异,虽然时间紧迫,但科特基仍耐心地用剩下的五分钟安抚她。他脖子上夹着话筒,座机的电话线拉得老长,手上赶忙将几本书塞进蓝红条纹的行李箱。

"对,对……所以你说,他连去印度的事情都没跟你说?"科特基皱眉点头摸了摸木勺般前弯的下颚。

"我实在快受不了他那古怪的脾气了,一下子热情如火,写诗、弹吉他,一下子无声无息突然消失了一个月,等他回来,我一定要跟他摊牌。"话筒另一端的声调突然拔高了八度,变得尖锐。

房门外传来稳重的脚步声,科特基连忙用双手包覆住听筒。

"克里斯安,你放心,我一定会将乔布斯平安带回来的……"

"他是死是活都已经不关我的事了。"克里斯安情绪激动地打断科特基的话,随即挂了电话。

※※※

连续四十多天的舟车劳顿,让原本就水土不服的乔布斯更加形容憔悴,身高一米八五的他,体重仅剩不到六十公斤。

躺在斯文南达旅社二楼简朴干净的房间内半个多月来,接受

---

① 克里斯安·布伦南 Chrisann Brennan,乔布斯于1972年春天在家园高中就读时结交的女友,他们曾短暂同居在洛斯阿尔托斯的小木屋,过着诗情画意的小两口生活。1978年,克里斯安为乔布斯生下一个女孩——莉萨。

好心的店主夫妇贴心烹调素食餐点,元气渐渐恢复的乔布斯,凹陷的脸颊也慢慢丰润起来。

五月了,距离和科特基在新德里会面的时间不到七天……

乔布斯滑下木板床,随意盘坐在地上,打开行李箱探了探底层,抽出几本书。

枕头旁蓝色封面的《一个瑜伽行者的自传》被摊开倒放在床铺上,乔布斯看了一会儿行李箱内的书,又伸长手将床上的蓝书拿来专注地阅读着。

有着金色波浪长发的身影,如闪电般跃入他的脑海。

"克里斯安……"他轻喃道,微弯的脊梁稍稍挺直,满脸的络腮胡及披肩凌乱的长发,在傍晚的斜阳微风中轻轻飘着。

街道依然充满小孩的嬉闹声、牛车声、鸟群声、猴子的活动声,偶尔夹杂狗儿的吠叫声。这里的人似乎生活相当清贫,但也相当知足。他忘不了河岸另一端住在简陋茅草屋的一群人,穿着仅能勉强遮住躯干的衣服,各个骨瘦如柴眼神畏缩,他甚至看到背着飘散臭味竹篓的"拾粪人"沿街捡拾清理泥地上的粪便……当地居民称这些人"贱民"①。

这里有新旧德里间古老的强德尼丘克市集,恒河河畔的大壶节,连绵不断的瑜伽行者,数不清的形形色色的帐篷及游客,漫天黄沙的公路及拥挤脏乱的街道,到处伸手乞讨满身脏污的孩童,顶着牛粪叫卖的少年,但也有金碧辉煌的寺庙、令人心生崇

---

① 印度的种姓制度由高到低分别为——婆罗门、煞帝利、吠舍和首陀罗,不同种姓间不可通婚,若通婚所生下的孩子则被视为"贱民"或是"不可接触者"。"贱民"不包括在四大种姓之内,最受鄙视。

敬雕刻精致华丽的建筑……

一切是如此的矛盾，又如此的和谐、友善……也充斥着伪装成好心人的骗徒。

在恒河接受洗礼的初生婴孩、恭敬地用河水浸润全身衣饰华丽的男女老幼，还有一旁裹着白布燃烧的尸体……神圣与污秽并存，或许这才是真正与天地交会的灵性。

如此的原始，却又如此的协调。

两行泪水莫名从眼眶中涌出，乔布斯放纵自己哭出声来……他的亲生父母到底是谁？为何不要他？为何抛弃他？

乔布斯整个人趴伏在床沿，放声大哭。

※※※

五月闷热的初夏，坐在客厅的克拉拉不自觉地打了一个寒战。

她吐出最后一个烟圈后，随手捻熄了冒着红光的烟头，又不自觉地朝白色窗户外的邮筒望了过去——下午三点半邮差还没送信。噢！对了，今天是周六，邮差只在早上送信。

"咳咳咳……咳咳……"她剧烈地咳了几声。

"妈……你又抽烟了，医生不是要你别抽这么多吗？"穿着牛仔短裙一身靓丽的帕蒂·乔布斯①走下楼梯时，就听到母亲被烟呛到的咳声，不禁关心道。

"帕蒂，你要去哪？"克拉拉顺了几口气后问。

---

① 帕蒂·乔布斯 Patty Jobs，保罗·乔布斯与克拉拉在收养史蒂夫两年后所收养的女儿。

"彩排高中毕业舞会的表演。"帕蒂一边简短回答道,一边用手指将刚上的紫红色唇膏抹匀。

叭、叭、叭。

门外汽车喇叭响了几声,帕蒂匆匆道别母亲,很快地套上缀满铆钉的短靴跳上停在门口的黑色敞篷车,驾驶座上头发油亮的男孩立刻踩紧油门驶离,车后留下阵阵白烟。

"保罗,保罗……"克拉拉突然探向窗户朝车库方向喊着。

"怎么了?"正在车库里整修汽车配电盘的保罗,卷起的蓝白格子长袖衬衫沾满一块块的油渍,他皱着眉停止思考线路问题,回应妻子的叫唤。

"接到过史蒂夫打回来的电话吗?"克拉拉声调不稳地问道。

"他不是说跟大学同学科特基到印度旅行……"

"从四月份欧洲出差到现在,连一通电话、一封信都没寄来,会不会……"克拉拉的语音颤抖。

保罗叹了口气,拿起引擎盖上的抹布擦了擦手,推开与屋内相连的隔门。

"孩子都十九岁了,都这么大了,照顾自己一定没问题的。"保罗坐到妻子身边安抚道。

"他是如此敏感纤细的孩子……印度那么贫穷落后,他能受得住吗?"克拉拉抓住丈夫的臂膀,史蒂夫六岁时从院子外跌撞进客厅内满脸泪水哭喊着"爸妈不要我"的小小身影浮现在脑海。

"别担心了,他出发前说了和朋友去印度禅修五六个月就会回来的,还要我们记得去机场接他。"

克拉拉牢牢地看着丈夫的脸。

"你看那张照片。"保罗指着壁炉上留着长发笑容灿烂的史蒂夫,他双手抱着自己第一次组装的音响喇叭。

"还记得那时候吗?才十五岁的孩子就懂得自己找寻资讯突破技术盲点,无论在哪里遇到困难都会找到出路的。"保罗脸上漾着柔和表情,眉间眼角的皱纹瞬间淡了。

"哈哈……我记起来了,史蒂夫十二岁就敢打电话给惠普的总裁,向他要机械的零件。"克拉拉一扫脸上的阴霾,扯开嘴角轻笑。

"是啊,那是计算每秒的电子脉冲数目——计频器的零件……噢,对了!他还因而能在暑假到惠普工厂打工,那可是让同年龄的孩子眼红的工作啊!"保罗伸过手轻搂着克拉拉接着说道。"他是我们骄傲的孩子,感谢上帝的恩赐。"

"嗯。"克拉拉依偎在丈夫怀里,看着壁炉上一家四口坐在草坪上灿笑的合照。

※※※

挺拔高耸的喜马拉雅山的顶峰,终年不化的雪在朝阳的辉映下闪耀金色光芒,无云宽阔的苍穹只有澄净渐层的蓝晕染着整片天空。

数十位苦行者忽高忽低地在草木稀疏的丘陵行走,刚病愈的乔布斯气喘吁吁地遥遥落在后方,他左手抓着腰间的水袋吃力地想跟上苦行者们的脚步。

一群人在人工堆砌的池塘边停了下来,领头的年轻导师示意跟随者席地而坐,然后步履轻快地往乔布斯的方向奔去。他毫不费力地拉着乔布斯,将他带到池塘边的水井旁。

年轻导师说着乔布斯听不懂的印度话,对他又是点头又是摇头地比画着,只见年轻导师在腰布里探了探,拿出了一把小剃刀。

"你真像个小娃娃啊……"年轻导师看着满脸胡须、长发凌乱披肩的乔布斯,用浓厚印度腔的英语低声咕哝着,围绕在旁的追随者也不约而同发出笑声。

在乔布斯还没回过神来时,下巴的长须已经被割掉一半。

"我们必须拯救你的健康。"年轻导师说道,接过身旁跟随者递来的香皂,沾了沾刚从水井里打上来的清水,将香皂抹上乔布斯的头发。

年轻的导师声若洪钟地讲了快六个小时,也没喝过一口水或露出一丝疲态。

太阳高挂,烈日直接照射着每个人裸露出来的手脚,理当会泛红晒伤的肌肤,却仍透着常态的色泽。

混杂在苦行者里的乔布斯,原本满脸须发的他,仿若换个人似的被剃了大光头,面容干净看不见一点胡楂。

他看着池塘边身穿褐色单肩布袍、传统棉裤的年轻导师传道授课已经整整一个上午,不知为何脑袋却异常地清醒。其实他不太明白导师在说什么,只知道旅店男女主人对这位导师恭敬有加,对待他如神祇一般甚而匍匐在地亲吻年轻导师的脚趾。

对喜马拉雅山脚下的居民而言,苦行者或瑜伽士是神灵的代表,是通往无上灵性的管道。

乔布斯突然忆起旧金山塔萨哈拉禅修中心里的乙川弘文禅师,自己追随他禅修也有两年多了。禅宗中心的创办人铃木禅师的大作《禅者的初心》更是他过去与科特基在里德学院宿舍每天必定翻阅讨论的佛学书籍之一。

西边飘来大片云朵，遮去喜马拉雅山腰方圆百里的阳光，峰顶终年积雪带来的冷空气缓缓落下，乔布斯紧绷的筋骨忽然放松舒畅。他闭上眼帘让伸直的脚像身旁的瑜伽士、苦行者一样两腿交盘跏趺坐，慢慢地加深了自己的呼吸。

※※※

暴雨过后漫着细雨的新德里车站，总算有些洁净，只是车站屋檐下避雨歇息的三轮车让人满为患的大厅显得更拥挤了，地板躺卧的、椅子上坐的旅客，人缝间勉强穿梭的小贩，头顶着手抱着行李一身狼狈的外国旅客……人与人之间几乎找不到任何空隙，到处充斥着汗水、体味、各种香料交杂的气味。

街角墙垣边的垃圾堆杵着几只猴子，正翻找旅客们随手丢弃的食物。

科特基呆站在车站大厅出口前的广场有一段时间了，他左手拎着滴水的雨伞，眼睛还是不放弃地四处搜寻着再熟悉不过的身影。

抵达新德里的与乔布斯相约见面的饭店已有五天。酷热难耐的空气及变化倏忽的天气、杂乱的街景，人与各种动物的刺鼻腥臭，偶尔又满溢着香料燃烧的温润气息，还有拥挤又五颜六色的公共场合……科特基从新奇惊讶到几乎麻痹。他知道乔布斯独来独往害羞内向的个性以及积极探索内在觉知的狂热，但为何早已过了约定会合的时间，却迟迟未现身？

头顶上大片乌云很快被吹散，原本挤在车站内避雨的车夫们，一个个载着刚招揽到的旅客往四面八方离去。

慢慢踱步回饭店的科特基紧蹙着眉，略窄的长脸显得有些忧郁，他停下脚步卷起濡湿的牛仔裤管。

"我买的是鲜奶，不是掺过水的稀释牛奶。"

左前方店铺前的大吼声吸引科特基的注意。

"你这个骗子，还收了我三卢比……稀释的牛奶连二十派士都嫌贵。"店铺前讲着一口美式英语，顶着大光头的瘦高"僧侣"不断地咆哮。

卖牛奶的女贩子并没有被眼前大声争执的光头"僧侣"吓到，反而用更尖锐的语调坚持牛奶绝对是纯的，一滴水也没有。

"混蛋，我不是被你欺骗好玩的白痴。""僧侣"愤怒地握着拳头大力比画着。

猴群突然从街角冲出，僧侣闪避时不小心伸手勾拉住女贩子红黄交织的纱丽。

"啊——"女贩子尖叫着，她上半身的衣服几乎被扯落。

"史蒂夫！"就在同时科特基也叫了出来。

3. 无法抵达

※※※

美国旧金山，雅达利公司。

有三层楼高的大厅布置了满满的低矮灌木及高大的红木，宽敞的区域极目所望一片翠绿。

滴滴答答……滴滴滴……答……

一楼大厅摆放的数台电子游戏机不断地发出规律的音调，来洽谈的厂商业务员好奇地测试最新型的打砖块游戏。

"欢迎来到丛林游戏场。"诺兰·布什内尔①大笑着从九米高的红色乔木后走了出来。

"布什内尔大老板，怎么亲自跑下来了。"从奥地利搭直飞班机到旧金山，还没进饭店休息就直奔雅达利公司的厂商业务员有点惊讶。

"哈哈，你不也是刚下飞机就急忙赶来。"布什内尔笔挺的西装将厚实的身躯衬得更挺拔，暗红色格纹领带彰显衣服主人独特的性格。

"上次我们派过去的工程师，问题处理得相当不错吧。"布什

---

① 诺兰·布什内尔 Nolan Bushnell，电玩之父，雅达利公司的创办人，乔布斯年少时第一份全职工作的老板，也是乔布斯的榜样。2009 年他获得英国影视艺术学院颁发学院成就奖，曾被《新闻周刊》评选为"改变美国的五十人"。

内尔带着厂商业务员进入电梯，如闲聊般地谈起公事。

"噢！你说他啊。"厂商业务员尖长的脸露出些许嫌恶，"他的确很快就指出问题——静态画面格数异常不相容——但他身上的体味……"厂商业务员的脸皱了起来。

"我接到你们公司传来的新订单了，一百五十台电子游戏机。"布什内尔不着痕迹地岔开话题。

进到办公室与早已等候多时的律师确认好订单数量、交换合约内容后，布什内尔将业务员及律师留在会议室，独自走到隔壁的秘书室。

"史蒂夫先前从欧洲寄回来的技术处理流程说明表，再拿一份副本过来。"布什内尔交代正在与助理整理档案资料柜的女秘书。

"您是说史蒂夫·乔布斯技术员？"女秘书从文件堆中抬起头。

布什内尔点点头。

"好的，十五分钟后会送进您的办公室。"女秘书堆起笑容回答道，两颊的雀斑显得动人。

"史蒂夫……大老板说的是那位被派到德国慕尼黑，成天不穿鞋赤脚走路的怪人吗？他似乎没有使用体香剂的习惯，身上那股味道……"助理等布什内尔离开后带着疑惑的眼神小声对女秘书说道。

"嘘——别在这里……"女秘书向透明隔窗张望了一下继续说道，"听说他去印度的旅费全由公司支付的。"

助理睁大了眼睛，手里抱的一大沓档案不小心滑了出去。

※※※

科特基被空气中满布的黄沙呛得咳嗽，满嘴干涩苦味的尘土，让他一度作呕。

"这个会让你舒服点。"乔布斯边递过水壶边说道，"别喝下去，顺过喉咙就直接吐掉。"

"真的还要继续到浦那？"科特基觉得自己整个人都快被埋进风沙了。一连坐了五个小时几乎没停站的颠簸公交车，忍受四处飘散的不知名气味，放眼望去除了荒漠还是荒漠……

乔布斯拉着衣襟蒙上口鼻，缺乏毛发保护的头皮特别敏感，他不断地拍掉头顶的黄沙。

隔壁沙丘传来驼铃响亮的声音，全身裹着白布长袍的穆斯林商人骑着骆驼，后头跟着满载货品的骆驼群及一旁吆喝的人们。

湛蓝的天空仿佛看不到边际。

"马纳里是不错的地方。"乔布斯突然没头没尾地说道。

"咳咳……"正在喝水的科特基呛得咳了几声。

"更接近喜马拉雅山的地方应该会更接近开悟的上师。"乔布斯眼光落在载满货物五颜六色的骆驼商队上。

马纳里小镇，位在印度东北与中国交接的喜马偕尔邦[①]，若要从拉贾斯坦西部的印度大沙漠出发，除了颠簸不堪的十数小时公路及等待不知何时发车的火车外，还得通过海拔五千多米的公路。

科特基反复看着两人单薄的夏季衣裳，还有几件半大不小的

[①] 喜马偕尔邦 Himachal Pradesh，印度共有二十八个邦（Pradesh）。

行李,"更接近开悟的上师",科特基盯着好友的侧脸——狭长微弯的鼻梁,竟让他莫名地联想到叙利亚的石油大亨……或许是荒芜的沙漠、炽热烧灼的天气给他的幻觉吧!

"克里斯安,她过得如何?"乔布斯突然没头没尾地问道。

"噢——很好……"科特基舌头有点打结,"史蒂夫,你没跟她说我们来印度禅修的事吗?"

"追求心灵开悟的路程,说与不说又有什么差别。"

车行驶的速度渐缓,正在站牌前等车的印度人涌了上来。

※※※

海拔四千七百三十八米的公路上,凛冽的寒风不断地从紧闭的车窗中钻入衣服的隙缝。

车上的旅客早已穿上准备多时的厚重大衣、毛帽,只有坐在后排的两位外国旅客身上层层叠叠的都是单薄的春夏季衣裳。

乔布斯与科特基两个人面色苍白地靠在一起相互取暖,全身抖个不停。

"你们拿去用吧!"前排略胖的印度妇人突然转头,递上深蓝色边缘有些磨损的毛毯。

"谢……谢谢……"科特基牙齿打战地回道,随着公共汽车摇摆爬坡,温度渐渐降低,行李袋里能穿的衣服都穿上了,他与乔布斯忍着几乎达到极限的寒冷已有两三个小时。

乔布斯满怀感激地将毛毯紧紧裹住快没知觉的身躯。

连绵起伏的山峰被片片白云盘绕着,公路上散布着大大小小的石子,颠簸摇晃近六小时、稀薄的空气让人反胃晕眩,周围没有半点绿意只有枯燥的灰与白。

他们无法抵达目的地了，匆忙狼狈下车后，就窝在木屋里等待可以回程的便车。

六点，橙黄的夕阳余晖如岩浆般包覆灰白宽阔的山谷，峰顶的积雪与山间的白云交叠，圣洁的氛围几乎让人屏息。

巴赫低音无伴奏大提琴的旋律，从耳畔响起……乔布斯半眯着眼轻晃脑袋……

忽高忽低对称的弦乐声稳重而规律地回响。眼前的绝美景象让乔布斯忘却身体的饥寒，他意识开始飘忽，长睫毛上泛着薄薄的泪光。

不知何时，满是饮料广告的私人巴士缓慢停下，科特基拉着沉浸在自己世界里的乔布斯再度挤入狭小的车内。

八月、九月、十月……他们在印度大小城镇走走停停。

一九七四年的秋天，结束印度之旅的两位大学好友，终于返抵美国，乔布斯在印度已待了近七个月。

※※※

"布什内尔老板，您的电话。"

"是他吗？"布什内尔壮硕的上半身在会议桌前直了起来。

站在门口的实习助理扯开单边的嘴角点点头。

"你们先就新一季游戏开发的构想，"布什内尔指了指桌上成叠的文件夹，"挑出最容易进入家庭的系列。我们除了大型的台机可供消费者玩乐外，新的计划是设计进入每个家庭——连接电视的娱乐器材。"

围坐在长型会议桌旁的十多名主管，脸上都掠过一丝诧异，但很快就恢复平静。每个人蹙眉抿紧嘴唇，默默拿起最近的文件夹阅读。

"印度之行很棒吧!"布什内尔走进专用办公室快速接起电话。

"三千多美元的旅费全都用完了,我跟朋友中途还丢了行李……"话筒传来温润平实的声音。

"身体健康很重要,你随时都可以回公司……"布什内尔的听筒夹在脖子上,他一边听着另一头的滔滔不绝,一边将条纹衬衫的袖口卷高,没多久助理又送来文件。

"好,没问题,就安排在月底。"布什内尔扬起眉毛点头,眼尾的笑纹又大又深。

乔布斯挂下电话后,躺回床上,望着乳白色的天花板。

天花板的颜色变浅且色泽饱满,应该是父亲三个月前又重新刷过。

他无意识地伸手,将天花板木条拼接处当成底线,快速在空中描绘简洁扼要的巴斯塔德字体①。

禅修、般若、开悟、大师、印度、雅达利、乒乓、打砖块、蓝盒子……禁欲、素食……《此时此地》……《突破精神唯物主义》……鲍伯·迪伦……《禅者的初心》……

修长的手指突然停在半空,他顿了一会儿,不断反复写着"禅"。

---

① 巴斯塔德体 Bastarde,十三世纪的欧洲,为了满足节省空间、快速写作的需求所发明的字体,为当时粗体字演变而成。

※※※

沃兹尼亚克刚准备踏离惠普的办公室，桌上的专线就响起。
"是我。"
"史蒂夫，你回来啦！"沃兹尼亚克眉开眼笑，布满下颚的络腮胡都快飘起来。
"你怎么知道我的办公室电话？半年前我刚升上实验部的主任……"寡言的沃兹尼亚克一遇到熟人，话开始变多。
"要找到你不难，电话簿可以指引我方向。"乔布斯笑道，"待会儿约个地方见。"
"还是我待会儿开车去接你，别走开。"还没等沃兹尼亚克回答完，乔布斯就结束通话。

雅达利公司前的停车位在傍晚六点时瞬间停满，一辆装满各式乐器的货车正在门口停等。
"欢迎来到星期五啤酒狂欢节。"乔布斯握着方向盘，很快将车子熄火打开车门，喧哗的声音灌了进来。
沃兹尼亚克垂头猛拉着自己的袖子，跟随乔布斯的脚步进入办公大楼后方的会场。
"史蒂夫，你回来啦！"公司里的韦恩第一个注意到他，快步跑近乔布斯，"兄弟，离开美国去寻找印度上师的旅途一定精彩吧！"
"精彩而充满未知的冒险旅程。"乔布斯抿着薄唇点头笑道，"每天都有不同的新鲜事等待着我。没有预先规划全凭着直觉判断下一步，与我们西方世界截然不同。"乔布斯理了理橘黄色长袍上的皱褶，底下仍是光脚踩地。

后方广场的货物装卸区，几位先抵达的乐手正在调音、试乐声的大小，小喇叭放送着一阵阵的旋律，两旁的长桌摆满比萨及好几桶啤酒。

"要回公司上班了吗？跟大老板通过电话了？"年近四十却保养得精瘦结实、身穿最新款蓝灰色连帽休闲装的韦恩，不禁打量眼前僧侣模样的同事——顶着大光头，皮肤晒得黝黑健康，不难看出在印度扎实旅行的痕迹。

乔布斯没有立刻回答韦恩的问话，转头对着不断低头看自己脚尖的沃兹尼亚克说道："沃兹，你随意逛逛吃吃喝喝，我到楼上办公室找人。"

他们尚未走进三楼，前方就有其他员工通风报信，大喊"史蒂夫回来了"的声音不绝于耳。

"看来史蒂夫，你真是深受大家喜爱！"韦恩侧头，眼睛盯着乔布斯光洁的下巴眯着眼说道。

"若是真的深受大伙喜爱，过去我也不用刻意被安排上夜班。"乔布斯认真地看着昔日的同事继续说，"听公司的哈洛德·李提过，你曾经自己经营过一家公司？"

哈洛德·李那一头散乱有如牦牛的灰长发，及他那每次骑来公司上班、装饰花哨的哈雷摩托车，浮现在韦恩的脑海。

"哈哈哈，那位芯片设计师说的没错，我的确开过公司，经营吃角子老虎机，但是……赔得很惨！"韦恩开朗的长脸垮下，他摇了摇头似乎想甩开不愉快的回忆。"我先跟奥尔康打声招呼，你再进去。"

韦恩迈开长腿推开深棕色的门，连远在十米后的乔布斯都听得到他扯开喉咙大喊："史蒂夫回来了。"

乔布斯腼腆地摸了摸自己带点硬刺感的头皮，扯开嘴角笑了，原本平直的眉毛微弯。

"你是从奎师那神庙回来的僧侣吗？"坐在办公桌后方，西装笔挺的技术部经理奥尔康，睁大眼盯着乔布斯一身古老的装扮——皱褶满布的褐色布袍、肩上随意挂着黑色背袋。同样腼腆羞涩的笑容，但澄澈的眼神里却流露出一股说不出的从容自信。虽然活脱脱像是从古代印度神庙跑出来的僧侣，但浑身所散发的沉静、灵动气韵却让人感到舒畅。

"这是拉姆·达斯写的《此时此地》，请你一定要读它。"乔布斯从斜背袋里掏出一本书，放在奥尔康的桌上。

"我可以回来上班吗？"乔布斯深褐色的眼睛牢牢看着奥尔康。

"当然没问题！大老板布什内尔已经跟我下达人事命令了，只要你时间安排好，随时都欢迎。"奥尔康敛下略为稀疏的眉，方阔的脸闪过一丝犹豫，他记得大老板提过乔布斯在印度染上某种血液的疾病。

"请帮忙转达布什内尔，一个半月后，也就是十二月我再回公司报到。"乔布斯缓缓地说道，似乎欲言又止。

办公室内陷入一种奇异的沉默。

"韦恩。"奥尔康朝着他挥挥手，示意他暂时离开。

"这一次的长途旅行，曾经吃过不洁的食物，得了严重的痢疾。"乔布斯拉开椅子坐下来，"回国时做了身体检查，发觉血液有某种微小的寄生物，医生说必须密集治疗一个月才能痊愈。这种疾病容易嗜睡、精神不济。"

"好，记得要好好休养治疗。"奥尔康将带有滚轮的椅子往后滑。

"欢迎你归队！"奥尔康站了起来，伸出短而厚实的手掌，用力握住乔布斯修长的手。

※※※

十一月的卡梅尔河谷村，开始飘下细雪。

"应该是这里没错！"伊丽莎白坐在驾驶座上，手拿着加州部分区域的大地图，望向塔萨加拉禅宗中心的木牌。

她仔细地停好车，穿上厚重的大衣穿过专供停放车辆、布满碎石的小广场。

光秃的枝丫覆着点点白雪，双车道的马路旁杳无人烟，伊丽莎白将棕色长直发拢进红色大衣里并束高领子。

走进禅宗中心，关上厚重的大门，立即被温暖的气息包围。宁静的禅堂内有几个熟悉的面孔。

"小姐请你拿好蒲团，直接找地方坐下来吧。大衣跟包可以放在柜子里。"旁边的僧侣靠近伊丽莎白轻声说道。

"好的。"伊丽莎白深深吸了口气，禅堂里特有的木头薰香味充满着鼻腔，"我那位朋友，金色波浪及肩长发的克里斯安……"她比画描述克里斯安的模样。

"她已经半年多没来这里了！"僧侣一脸平静地说，灰黑的袈裟散发洁净的气味。

伊丽莎白颔首向接待的僧侣致意后，将随身物品放置在禅堂门口的柜子里，默默地坐在早已闭眼静坐多时的科特基身边的空位上。

寂静中，空气里只剩下不同节奏的平稳的呼吸声。

"你也来了？"科特基短须下的嘴唇微微动了下，轻声问。

"专程来赶走内心的纷乱，还有找我的男朋友。"伊丽莎白深蓝色的眼珠转了转，脸上似笑非笑。

科特基微睁着弯垂的长眼，望向伊丽莎白。

时间慢慢无声流逝，三十分钟过去了，几个刚进禅宗中心的年轻人，身体开始不安地扭动。

铿，铿，铿……

坐在禅堂前方的乙川禅师拿起槌子轻敲磬钟，低沉厚实的声音漫开。

"忍。"乙川禅师开口说话了。

"要开发我们的精神力，寻找平静，就是要忍。"

"之前我曾经对你们说过，禅是最简单平凡的，它存在于每一个角落，在空气、在天空、在每一个专注的呼吸里。"

"睁开眼抬头看看外面的天空，洁净。我们应该总是生活在空寂的天空中，天空总是天空，尽管有时会打雷或闪电，但天空本身是不受打扰的……"

"记得你们第一次踏进禅堂静坐的那份心念吗？记得那一份初学者的心。"乙川禅师加重最后几个字的音调，浓黑长眉下炯亮的眼神，在每一位学员脸上停留，光洁饱满的额头、刚毅的嘴角透露着智慧圆融与坚持。

"初学者不会有'我已经达到什么'的那种念头，所有自我中心的思想都会对我们广大的心形成限制……如果你的心是空的，它就会随时准备好去接受，对一切抱持敞开的态度。"乙川禅师突然停了下来，阖眼静默地端坐在前堂。

"好了，今天的禅修课就到此。"

所有的学员慢慢地舒展开酸麻已久的脚,五分钟后十几位学员纷纷离开了,只剩下科特基与他的女友伊丽莎白。

"禅师。"科特基发出干哑的声音。

"请说。"乙川禅师微笑道。

"我发觉只要坐下来,我的心思会更多,平常的烦恼还会一拥而上。"

乙川禅师突然弹了一个响指,科特基与伊丽莎白愣了一下。

"你刚才有任何烦恼的思绪出现吗?"乙川禅师拉平衣袖问道。

他们不约而同地摇头。

"当你静下来时,发现心思纷乱异常,可以将注意力放在周围。比方说,刚才的弹指声。"乙川禅师笑了起来,温和的神情变得慈祥,让人联想到退休在家整天含饴弄孙的爷爷。

"谢谢禅师的指导,我似乎懂了。"科特基弯身向禅师道谢,从蒲团上爬了起来,对伊丽莎白伸出手,但她只看了一眼便自顾自地向禅师弯腰道谢离开。

"你们吵架啦!"乙川禅师笑着对科特基说。

"禅师,我有一个问题特别想请教您。"科特基左右张望了一下,确定女友已经站在七米远的大门边等他,才怯怯地低声问道,"您可以从禅坐所得到的般若智慧中,预视自己或他人的未来吗?我跟着史蒂夫到印度禅修的旅途中,遇到不少自称大师的瑜伽士,他们都宣称可以在修行中看到过去未来。"

"哈哈哈……"乙川禅师朗声大笑,"我不认为自己可以预视过去未来。不过,年轻人,禅修的确可以让自己的般若涌现。你问的跟清晨来打坐禅修的史蒂夫问的一模一样。"

古朴的木制窗框外，耀眼的夕阳斜斜地照进禅堂，空气中的微尘在光柱中无声飞舞。

※※※

一九七五年三月对所有科技迷来说别具意义。

转眼间乔布斯回到雅达利公司上班已有半年了。而有电子天才之称的沃兹尼亚克，四年前和乔布斯发生蓝盒子"枪"夺事件后，史蒂夫二人组已不再贩售曾带给他们不错收入的免费通信设备。沃兹尼亚克白天在惠普担任工程师，傍晚就会到雅达利公司玩最新型的赛车游戏，顺便陪好友——乔布斯工作，协助优化产品。

"这一期的《大众电子》……"沃兹尼亚克兴奋地拿着刚上架的杂志，拼命在乔布斯耳边摇晃。

"第三期的已经出来啦——"乔布斯蹲在故障电玩机器旁，细心地检查后方的配线。回到公司后他主要的工作除了优化产品，提出调整的报告外，还有一项就是修理故障的机器。

"划时代的进步发明啊！每个人终于可以拥有一部属于自己的大众型电脑……"沃兹尼亚克将背包甩在一旁，弯下身来蹲在乔布斯身边，虽然闻到许久没洗澡散发出的厚重体味，但他早已习惯。

"噢——"乔布斯猛然回过头来，一把拿走绘有牛郎星电脑彩色封面的《大众机械》。

这部机器有如立体音响的音箱，面板上有两排灯闪烁红光，下方则是一排摇柄开关。

十岁时曾经跟随父亲参观美国国家航空航天局的埃姆斯研究

中心的乔布斯，见过真正的超级电脑。那装满上百平方米房间的终端机群、数十卷玻璃门后运转的巨大磁带、无数个操作用的摇杆及代表各种讯号的灯、三四十位神色严肃的工作人员拿着纸卷纸卡不断来回走动输入资料的画面，至今仍深深地烙印在脑海。

"真的是划时代啊……"乔布斯不禁叹道，"也就是说写电脑程序时，不必使用打孔卡片或排队等待主机处理。"他与沃兹尼亚克等待一台大众皆可简单使用的"个人电脑"已经很久了。

沃兹尼亚克不断地点头，笑到嘴巴都快咧到耳后了。

"家酿计算机俱乐部可能会在某个周三聚会，弗伦奇说要在他的车库展示牛郎星8088微电脑……"沃兹尼亚克忙不迭地说道，手指兴奋地敲击旁边的机台，原本短促有力的语调变得更快。

位于新墨西哥州的微仪系统家用电子公司[①]推出的世界第一台微电脑，可说是电子迷殷切期盼的产品，这样他们就可以在家写程序，连接他们想驱动的机械——晶体管收音机、打字机、电视、立体声音响、示波器……

"三年前我也组装过一台……"沃兹尼亚克眯眼说着。

"奶油苏打汽水电脑。"乔布斯结束手边的工作打断他的话。

"史蒂夫……我那时组装电脑，至少喝了五打的奶油苏打汽水。退空瓶再换汽水……超市的经理后来每次见到我都翻白眼，差点就叫人把我赶出去。"沃兹尼亚克突然陷入回忆。

三年前是史蒂夫二人组初识的一九七一年，十六岁的乔布斯第一次遇到比他更懂电子的人，尽管沃兹尼亚克当年已经是大学

---

① MITS（Micro Instrumentation and Telemetry System）微仪系统家用电子公司。

三年级的学生，但有相同兴趣且个性极端互补的他们，一拍即合，形影不离。

唰——

打开抽屉的声音将沃兹尼亚克从沉思中拉回。

"沃兹，明天不用来找我。"乔布斯翻找出一块磨砂纸说道。

"又要去俄勒冈果园吗？"

"塔萨加拉禅宗中心禅修几天。"正将机器背面粗糙的木缘小心翼翼磨平的乔布斯，说完这句话就静了下来。

※※※

4. 差点出家的原因

旁听完这学期最后一堂基础物理课，乔布斯一如往常独自离开斯坦福大学校园。大雨过后的空气特别清新，他拉高裤管赤脚踩过水洼，贪婪地深深吸了口气——混合草香与原始土壤的气味，让他想起去年的印度心灵之旅。那里原始、生活条件残酷、古老而又充满直观思维，与他所生长的西方逻辑世界大相径庭。

他只想涤净自己，他内心满满的痛苦与矛盾……茹素、单一蔬果饮食、循环的禁欲……

铃木禅师在书中写到"坐立难安，是因为心中长满野草……而你们也应该对野草感激，因为它将会滋养你的修行"。

他问过乙川禅师，这位创办旧金山第一间禅修中心的禅学大师，是否也因开悟、证得般若智慧才写下《禅者的初心》。乙川禅师每次都是笑而不答，要他继续加深静坐的功夫、专注自己的呼吸，"内心"会告诉他答案。

难道内心停止了纷乱，答案就会自己涌上来吗？

"禅师，我想到日本京都的永平寺出家，请指引我方向。"乔布斯长跪在蒲团上，字句清晰地对着乙川禅师说道，已留回及肩长发的他，深褐色的肌肤也淡回白皙。

"外在的世界，就是内心深层的照映，禅修是内在的而非对外界的冀求。你之所以努力追求信仰上的完美，只是为了自我救赎……若你陷入一种企求理想的思维修行，就无法有多余的时间从容。况且我不是在你十九岁就说过，出家并非唯一真正的修炼！"乙川禅师眉眼低垂地轻笑道。

"是。"

"那么我们继续禅修吧。"乙川禅师执起钟槌，轻轻敲了几下磬，浑厚的钟声嗡嗡地在禅堂来回震动。

乔布斯双腿交盘跏趺坐，随着一次次的呼吸数息，鼻息越来越浅，他可以感受股肱动脉的跳动，慢慢地"看"到了内心纷扰不停的念头、那些烦恼，一个又一个浮现。

春日的晨曦，缓缓从东边开展。

清晨七点，偌大的山坳铺满橙黄色光芒，卡梅尔山谷的枝繁叶茂被照亮。乔布斯闭着眼，却觉知到附近光线在大地上缓慢地移动——在静心直观中的他，全身的感官似乎变得更加敏锐，感受到空气流动及细微温度的变化。

儿时的记忆、十几岁时爱使用电子设备恶作剧的画面、四年级时用巨大的棒棒糖诱惑他挑战自己数学能力的希尔[①]老师、亲生父母抛弃他时那残忍又模糊的脸孔……这些带着各种情绪的影像，在脑海中一波又一波的翻搅。

意识到自己心念又开始繁杂，乔布斯挺直躯干，将注意力放在鼻腔胸内气息的起伏上。

他忘了时间的流逝，一股纯然的感动忽然流遍全身。

[①] 希尔 Imogene Hill，乔布斯小学时的老师。乔布斯年幼时期常在学校惹麻烦，希尔老师发现并激发了乔布斯的学习潜力，深深影响了他。

内心激荡涌现,泪水不由自主从眼角悄悄淌下。

※※※

笔直的一二零号公路上,一辆灰黑的福特汽车奔驰着。

"克里斯安,待会车开到曼特卡①后,就由你来驾驶。"

"可是我不会换挡……"克里斯安有点惊慌地望向手握方向盘的乔布斯。

"你不用担心,将会有三十公里的路程都不用换挡,你只要负责踩油门、掌控车子方向。"乔布斯说话时,右手迅速切换到三挡,仪表盘的时速开始往上飙升。

"坐到驾驶座。"乔布斯命令道。

克里斯安觉得心脏快要从嘴巴跳出来,但还是不由自主地按照男友的指令,接过他手中的方向盘。

乔布斯利落地跨进副驾的位子,继续指挥道:"松开油门、踩离合器。"他低头看了克里斯安的脚,左手顺势将排挡往后压进四挡,"踩油门维持车速在每小时九十公里。"乔布斯盯着前方的来车,确定克里斯安已经掌控好方向盘后,打开置物箱翻找录音带。

克里斯安瞄了一眼乔布斯俊俏刚毅的侧脸,覆在额前的长刘海随风乱飘。

克里斯安的长发被一阵大风吹散,遮住了她的视线。

"好好专心开车。"乔布斯抬头,伸手绕过克里斯安柔嫩白皙的脖子,顺着她略为方正的下颚,轻轻梳拢她凌乱的金发。

---

① 曼特卡 Manteca。

"史蒂夫……"克里斯安涨红了脸,两颊的雀斑变得更鲜明。

"我爱你。"乔布斯垂下眼眸在她耳畔轻喃,低沉而平实的嗓音不禁让克里斯安为之颤抖。

咔啦。

车内音响发出倒带停止的声音,轻快跳跃的吉他和弦响起。

> 一天清早太阳高照,我正躺在床上,好奇她是否变了样,是否还一头红发
> 她父母说我们在一起,日子一定不好过
> 他们从不喜欢妈妈做的衣裳,爸爸的口袋也不够深
> 而我就站在路边,雨落在我的鞋上
> 出发前往东岸
> 天知道我付出多少代价
> 忧郁缠结
> 初遇时她还是有夫之妇,即将要离婚
> 我猜我帮忙拉了她一把,只是多用了一点力
> 我们尽力开向远方……

乔布斯头靠在女友的腿上,闭眼哼唱,另一手打着节拍。

开往优山美地国家公园还有一个多小时,克里斯安第一次开着快车,脸上却漾满甜甜的笑容。

鲜艳的招牌,远远地从只有碎石杂草的地平线出现。

"史蒂夫,我们要在前面的餐厅停下来休息吗?"

"亲爱的……"克里斯安腾出手摇了摇他。

乔布斯气息均匀地上下起伏,似乎已经熟睡。

鲍伯·迪伦《血泪交织》的专辑音乐持续轻快地播放，克里斯安深深地吸口气放松自己，她感受到乔布斯的信任，因为他将生命放在她手上。

如此俊逸聪慧而又充满胆识……

她深深爱恋的男人。

※※※

大雾迷蒙的旧金山街道，曲折狭窄的马路上难以辨认前方的车况。

开车前往湾区工艺美术馆的乔布斯，烦躁地拉了拉胡子，没想到三月旧金山市区也能出现浓雾。

在广阔充满原始野趣的优山美地国家公园度过愉快的周末后，乔布斯不知为何整个人无法沉静下来。

咚！咚！咚！

停车熄火准备拔下钥匙的乔布斯忽然转头，看到车窗外熟悉的面孔，笑容爬满了脸。

"布什内尔。"乔布斯很快地走出车外，对着刚才敲窗的人叫道。

"今天也是来看特展的吗？"稳重魁梧的布什内尔站在精瘦的乔布斯身边，更有一股大老板的威严。

"我只是随意逛逛，并不知道有什么工艺特展。"乔布斯的目光被涂鸦墙面上张贴的超现实达利[①]特展海报吸引住——墨黑细

[①] 达利 DALI，1904~1989，西班牙人，国际知名的超现实艺术家，为二十世纪心理学家弗洛伊德的追随者，创作的范围包括绘画、摄影、雕塑、电影、设计、建筑等。

瘦修长的象腿，驮着又高又重的金黄尖顶方碑。

"这是《太空象》，象背着的方碑代表背负着看不见、摸不着的欲望——美丽、权势、性欲与财富，而这些也都是高高在上也岌岌可危的东西……"布什内尔顺着乔布斯的眼光解释。

"所以大部分的人都容易受到迷惑而被伤害啊！"乔布斯指了指大象超乎寻常细瘦的腿。

"话说回来，上个月送回来校正检验的电玩机器，你处理得非常好，还有，恭喜你拿到七百美元的奖金。"布什内尔指的是芯片硬件电路设计简化的资金。当时他对乔布斯提到，只要能用少于五十片的芯片驱动单人乒乓游戏，就能拿到奖金，而且芯片越少奖金越多。

"谢谢老板的高额奖金，赢得它的确颇有难度。"乔布斯搔搔头，笑了。

"听过波托拉协会①吗？"布什内尔问道。

"专门致力电脑教育的协会，高中时期我还读过这个协会出资赞助的《全球概览》……"乔布斯踢掉人行道旁掉落的空可乐罐，发出当啷啷的声音。

"求知若渴，虚心若愚。"两个人突然异口同声地说。

"哈哈哈……"布什内尔与乔布斯不约而同地大笑起来。

"哎呀，可惜它停刊了。记得它的第一期封面，那壮阔灿蓝的地球……"布什内尔两手插进裤袋里，仰头看向白云低垂的天空。

"虽然只发行了三年，但它最后一期的封底真令人印象深刻

---

① 波托拉协会 Portola Institute。

啊!"乔布斯叹道。

那封底上乡间小路蜿蜒向前,两旁翠绿的原野仿佛无止境绵延,底下印着一行小字:求知若渴,虚心若愚。

跟随乙川弘文大师修习禅坐已有四年多,于无声的静观中,仿佛知觉到无止境的空间。

他看到那一行小字,好像触及内心深处的某个角落,甚至停刊后一段时间都随身携带着它。

仲春的旧金山,夜晚降临得越来越晚,直到晚上六点多太阳才西下。沿着湾区街道散步聊天的这对相差十二岁的老板和员工,才相互道别离去。

※※※

呀、呀呀、叽——

凌晨三点,乔布斯被一阵长短交杂、粗哑的鸟鸣唤醒。

他闭眼躺在床上,甚至可以感觉到伯劳鸟在枝头跳跃的震动。

从印度回到美国洛斯阿尔托斯已过了半年,表面上他回归平常的生活,如往常般的在雅达利上班,固定到斯坦福大学旁听物理,假日在大学好友傅莱兰德的舅舅的苹果园工作,每日清晨五点前往塔萨加拉禅宗中心与乙川禅师学习静坐……但,内心深处总有一股虚乏、惶恐、时而宁静时而不安的情绪。

乙川禅师说,他需要更深层的禅定。

三个月前俄勒冈感觉中心的亚诺夫心理治疗师,带领他用原始呐喊法嘶喊出童年时期的伤痛……

他极度渴求内在的平静,若有可能他希望"开悟"获得般若。

啪，哒哒哒……

急促的振翅声掠过房间的乳白色窗框。

迷蒙恍惚间……

天，亮了！

接下来的几个月，乔布斯变得更加执着闭关禅修，有时甚至长达十几天都住在禅宗中心。公司的人找不到他，但由于乔布斯的工作绩效不错，所以奥尔康及布什内尔也就睁一只眼闭一只眼，放任他去。

朋友觉得乔布斯更稳重、自信、温和，过去的自卑感减少了，火爆不安的脾气收敛很多。

"沃兹，"乔布斯推开门径自走进沃兹尼亚克的房间兼工作室，正在低头焊接电路板的沃兹尼亚克惊吓得差点将焊枪搓进自己的大胡子里。

"史蒂夫，你怎么来了！"沃兹尼亚克连忙关掉电源、吹掉焊枪尖头的火花，"你是胡萝卜吃太多吗？"他惊讶地指了指好友全身泛黄的皮肤。

"我现在只吃俄勒冈果园摘的苹果还有超市的胡萝卜。这样可以彻底净化身心，埃雷特[①]说过身体因不用在消化这件事情上耗能量，反而会更精力充沛……"

[①] 埃雷特 Arnold Ehret，《非黏液饮食治疗学》的作者。乔布斯深信作者的理论：所有的疾病是吃得过量和吃得不对导致的，而断食是达到身体最佳状态的方式。所以乔布斯经常长时间只吃两种蔬果，然后再进行断食。

铃——铃——

沃兹尼亚克房内的电话响起。

"你说今天晚上有聚会展示活动……"沃兹尼亚克睁大了眼，厚实的声音变得高亢，他激动地两手紧握住话筒，"家酿计算机俱乐部的第一次聚会……好好好，我马上过去。"他很快地挂下电话，动作利落地将桌上几个电路板放进背包。

"牛郎星电脑将要在今晚的聚会展示吗？"乔布斯盯着沃兹尼亚克。

"不只如此，还有各路的电脑玩家们。"沃兹尼亚克的声音兴奋到有点颤抖。

"今天就开我的车子，昨天才刚保养好引擎……可以跑得更快。"乔布斯不等沃兹解释完，立刻做了决定。

"地点在哪？"乔布斯问。

"斯坦福大学物理实验室。"

※※※

布什内尔抵达圆石滩高尔夫球场[①]时，已接近下午两点，春末阴天的湾区吹起阵阵温和的海风，二十五度的气温让布什内尔下车就决定将薄外套留在车上。

球童很快趋前将车厢后的球袋背起，泊车小弟小心翼翼地坐进最新型的白色奔驰 W123 车里。

---

① 圆石滩高尔夫球场 Pebble Beach Golf Links，在蒙特利县（Monterey Count）海湾区（Bay Area）以北两小时路程。自 1919 年以来，举办过无数场美国高尔夫公开锦标赛（US Open Championships）。

"倒车的时候要多注意啊!"布什内尔忍不住叮咛。

"先生,没问题的。"

加州西岸蒙特利半岛面海的宽阔球场,令人身心舒畅。但是享受此等高级待遇的门槛颇高,每年一万美金的会费,只有金字塔顶端的精英人士才消费得起。三年前创立雅达利电玩公司的布什内尔,早已是旧金山湾区成功的商界人士——拥有年营业额十八亿美金、全美第一大上市电玩公司、身价数千万的布什内尔,近几个月还积极布局连锁餐厅市场。

走进华丽的俱乐部接待大厅,布什内尔熟稔地拿起前台的会员专用电话。

"是我,诺兰。"布什内尔壮硕的身材让他容易冒汗,讲了没几句话便随手抓起纸张扇起风来。

"怎么,今天还是没办法赏光陪我打一场球啊!"

"昨天有人介绍了一位打算进军科技产业的年轻小伙子,中午刚收到他们的营运策划书……"电话另一头不疾不徐地解释着。

"好吧!瓦伦丁,既然公务在身就不勉强。今晚到画室找你,应该不会拒绝我吧!"布什内尔拿起服务生递来的冰果汁一饮而尽。

聊了几句才准备挂电话,身后有人搭上他的肩膀。

"老板……抱歉,我来迟了。"肩上背着球袋,风尘仆仆的奥尔康一脸歉意。

"瓦伦丁那家伙又拒绝我了……今天得好好跟我们几个老头子打一场。"

"您是说红杉资本①的头儿吗?"

"他最近对新兴的科技产业产生兴趣,连高尔夫球也不打了,整天窝在画室说要在细腻的艺术表现中寻找创新的灵感。"布什内尔对着休息室的球友打招呼后,随即大步往球场走去。

"噢,对了。这个月乔布斯在公司的状况如何?"布什内尔停下脚步转头问。

"跟往常一样,不眠不休地与沃兹尼亚克连续工作十几天后,就消失一个多礼拜,这几天还没看到他进公司。"奥尔康答道。

"这样啊……前几天我还在湾区的艺术馆前遇到他。"

强劲的阵风将厚重的乌云缓缓吹开,午后灿烂的阳光如火柱般耀眼地从云缝中洒落。

※※※

寂静的夜晚,没有学生上课的斯坦福大学校园,一楼的中型讲堂却灯火通明。

家酿计算机俱乐部终于在玩家引颈企盼中,举办第一次聚会。这次参加的人数比预期多出太多,实验室容不下五十几位电脑玩家,主办人只好临时向大学商借一楼讲堂作为聚会场所。

整个晚上沃兹尼亚克眼睛都离不开台前展示桌的微处理器规

---

① 红杉资本 Sequoia Capital,创始于 1972 年的投资公司,在美国、印度、中国、以色列设立办事处,共有十八只基金、超过四十亿美元的总管理资本。至今总共投资超过五百家公司,两百多家成功上市。

格表。

乔布斯则是好奇地到处走来走去。

"这样输入程序后，微电脑就可以计算出答案……"说话的大男孩轻压着纸卷，却等不到他所说的指示灯亮起。

"让我来试试。"一身书卷气息、顶着满头卷发的细瘦男孩抽出纸卷，在几处程序中增加了几行编码并做了些删改。

"哇——"围在旁边的电脑玩家发出了惊叹。

被修改过的编码语言很快被辗转传开，每一个仔细看过编码的人眼睛都睁得大大的。

"如此精简流畅的编写，实在是太厉害了。"原本被微处理器迷住心神的沃兹尼亚克也被吸引过来。

"你好，我是史蒂夫……"乔布斯走近卷发男孩旁伸出手自我介绍。

"比尔·盖茨。"刚被俱乐部成员奉为程序神人的男孩大方地握住乔布斯的手。骨架偏瘦的他，厚重的眼镜下藏不住浓浓的书卷气。

俱乐部的主持人也顺势挤了过来，乔布斯来不及开口说话，就被一旁热衷程序编码的玩家抢了先。

今天在家酿计算机俱乐部亮相的牛郎星电脑组件，成功吸引众人的目光，也让几位程序神人小露身手……但是沃兹尼亚克却显得有些失望，他心中所期盼的电脑应该不是这个样子。

沃兹尼亚克的目光又重回到展示桌上的微处理器，他曾经设计过一种终端机，加上键盘及荧幕，这套设备就可连接到远处的迷你电脑。而眼前这个微处理器小小的半导体芯片上，竟包含了整部电脑的中央处理器……

若是有微处理器,他就可以将迷你电脑的某些功能置入终端机……

在闷热嘈杂的聚会里,沃兹尼亚克整个人突然清醒了。

首部曲

初　升

1. 成立苹果电脑公司

加州，塔萨加拉禅宗中心。

"你要的解答，必须透过坐禅去感受那种意义，那是心的顿悟，而非能用言语来答辩解释。"乙川禅师卷起袖子击掌三声。

"史蒂夫，你觉得我击掌的节奏如何？"乙川禅师笑问。

乔布斯摇摇头。

"当你倾注全身心去打坐，做到身心合一，你就不会再执着于生命错误的、旧的解释，日常生活就会焕然一新。哪怕你的人生像一滴落入山涧的水滴历经险阻，但你却能享受它。"

乙川禅师走下蒲团点燃檀香，执起了钟槌。

"好，我们继续禅修吧！"

铃——铃——铃——

门外的铃声响起。

保罗·乔布斯用抹布匆匆将沾满油渍的手擦了几下，很快地从半开的车库钻了出来。

"沃兹，来找史蒂夫吗？"保罗拍了拍长裤上的灰尘，脸上堆满了笑容，"他一大早就跑去卡梅尔山谷，可能傍晚才会回来。你要不要去房间等他？"

"乔布斯先生，我……还是先回去好了。"沃兹尼亚克勉强抬头看了保罗一眼，很快地低头离去。个性害羞的他纵使面对好友的家人，依然无法直视着对方的眼睛交谈。

"麻烦乔布斯先生……"沃兹尼亚克突然折了回来，"请史蒂夫尽快来找我……跟他说少了重要的零件。"

"好的，没问题。"

回到自家工作室的沃兹尼亚克，三个小时后就看到乔布斯出现在门口。

"少了什么东西？"

"连接器、新的电路板、英特尔的芯片……"沃兹尼亚克念了几个专业名词。

"你是说动态随机存取存储器吗？"乔布斯将格子衬衫的短袖卷高到肩上，抽出裤袋里的随身记事本，"电话簿给我。"他扼要地说。

乔布斯快速地查阅厚重电话簿里所有关于电子零件商的信息，电话一通接着一通拨出。

三十分钟后，乔布斯结束了第九通电话。"半小时后，英特尔晚班的业务员会开车顺路经过这里。"他抬起头时脸上挂着浅浅的微笑。

"太好了，今晚就可以进行测试啦！"沃兹尼亚克忍不住欢呼，褐色的眼睛熠熠生辉，"需要多少钱呢？"他问。

"免费。"

半小时后，英特尔的业务员"顺路"将存储器送来，沃兹一边指挥着乔布斯焊接繁复的电路板，一边校对着纸上的程序。

"电视再移近些……外壳也拆掉让它更快散热。"沃兹尼亚克手不停歇地将电路板连接键盘、反复地检视电源、铜线的接触点。

沃兹尼亚克快速地在键盘上敲了几个字，原本乌黑一片的电视荧幕，突然跳出了字母……

"成功了……"沃兹尼亚克低喃着。

乔布斯目不转睛地盯着电视荧幕上闪烁的字母，心脏扑通扑通地狂跳不止。

※※※

接下来的一周，史蒂夫二人组带着新组装的电脑到俱乐部展示时，受到各方玩家有如电影明星般的热情追捧，沃兹大方地跟玩家们分享组装的零件及所有突破性的方法，甚至他不眠不休所撰写的程序。

这一个周五夜晚，乔布斯如往常一样窝在沃兹的工作室中，讨论并测试各种连接电路板的可行性。

当沃兹尼亚克正要开口询问如何取得免费 DRAM[①] 时，电话突然响起，乔布斯很快地顺手接听。

"是沃兹吗？"电话另一头有点嘈杂，乔布斯皱起眉头。

"我是史蒂夫，你找沃兹……"乔布斯话还没说完就被对方兴奋急促的话语打断。

"你们前几天带来可以直接连接电视显示的主机板，我们另一个电脑玩家俱乐部的成员都想要……估计要十台，下次电脑聚会时可以顺便带过来吗？我是弗兰克……"

"弗兰克，你说想要沃兹上次展示的主机板？"乔布斯平实的

---

① DRAM 动态随机存取存储器。

音调不由自主地提高了。

乔布斯紧握着听筒呼吸变得急促,沃兹尼亚克则是瞪大眼睛看着好友。

"价格只要合理都能接受。史蒂夫,你看过比尔发给家酿计算机俱乐部的公开信吗?"电话里的弗兰克话锋一转,"BASIC 语言①,他撰写专供牛郎星电脑的程序,他竟然要求所有复制程序的玩家都必须要付费……你跟沃兹也用了他的程序吗?"

"没有,我们使用的是自己撰写的程式。"乔布斯慢条斯理地回答。

"比尔·盖茨简直是违反所有资讯应该是免费的黑客精神……"

乔布斯耐下性子听完弗兰克的抱怨,再次与他确认订单的数量后结束通话。

"沃兹,我们有生意上门了!"

※※※

旧金山,洛斯阿尔托斯。

克里斯大街二零六六号的车库前比往常热闹许多,三辆不同款的汽车将门前的空地塞满了。

帕蒂抱着刚满月的儿子,绕过车旁狭窄的空间走进家门。

"妈,若史蒂夫真的要将我的房间拿来做工作室也没关系啦!"一进门帕蒂就对着正在打扫的克拉拉絮絮叨叨个不停,"我跟小约

---

① BASIC 语言(Beginner's All-purpose Symbolic Instruction Code),名称字面意思为"初学者通用符号指令代码",设计给初学者使用的程序语言,完成后无需经过编译及连接的手续,经过直译器即可执行,但若需要单独执行时仍需要将其建成执行档。

翰顶多回家过夜时住史蒂夫的房间,他就睡客厅……"

"帕蒂,家里的车库也能暂作为他的工作室,不用动到你的房间,更何况约翰还这么小。"刚升格外婆的克拉拉放下手边的家务,爱怜地接过女儿手中的外孙。

"妈,帕蒂既然不反对我使用她的房间,就别再坚持了。我若用爸的车库作工作室……器具的用电量都蛮大的,一楼容易跳闸,所以借用妹妹的房间比较恰当。"乔布斯解释道。

叭、叭、叭。

门外传来阵阵喇叭声。

"史蒂夫……我将器具载来,可是你们家的车位都满了!"韦恩粗犷的大嗓门划破傍晚清幽宁静的街道。

"待会儿韦恩会将电子零件及机具搬进二楼帕蒂的房间,小约翰要睡觉就先用妈的房间吧!我先出去了。"乔布斯不等母亲回答,拿起玄关柜子上的露营车钥匙,向外头蓝色轿车里的韦恩大声呼唤。

"你们先忙,我到惠普,很快回来。"这句话是同时对房子内外的人说的。

惠普公司大楼门口,沃兹尼亚克抱着箱子的瘦而精实的身影特别显眼,尤其是被风吹乱的络腮胡。

"史蒂夫,你终于来啦……"沃兹尼亚克放好箱子一坐进车内就开始叙说今天遇到的技术问题。

"我们先到地球素食餐厅。"乔布斯握着方向盘说道。

"不会让韦恩等太久吗?"

"先填饱我们的肚子比较重要,他在我家会受到很好的招待的。"前方大十字路口的信号灯突然变色,乔布斯边轻踩刹车边问道,"你的房租这个月应该不会跳票吧?"

"房租啊……"原本滔滔不绝的沃兹尼亚克静了下来,他烦躁地抓了抓头。

"电脑设计图别再免费送人了。"乔布斯突然说道,"能连接电视荧屏显示的电脑主机板,我们都看到俱乐部的人是多么的着迷,光是这两个礼拜就接到十多个人要求我们贩卖组装零件,这可是商机啊!"

"可是……"沃兹尼亚克还没说完就被乔布斯打断。

"我有个提议!"老旧的福斯露营车引擎在这时发出"科科"的气爆声,乔布斯慢下车速利落地打回一挡,将车子往右侧停靠。

乔布斯拉起手刹后,转头看向沃兹尼亚克:"不如我们开间公司吧!"他凝视着沃兹的眼睛,"就算是赔钱,我们这辈子还是曾拥有过一家公司,不是吗?这过程就像是冒险,好玩得很。"

"公司名称你想怎么取?"原本有些犹豫的沃兹尼亚克被乔布斯说服了,毕竟是跟自己的好友创立公司啊!

"你觉得'个人电脑公司'如何?"

"还有呢?"

"Matrix 或是……"

"Executek?"沃兹尼亚克接着说,"也非常富有科技感。"

乔布斯没有回话,松开手刹后继续开往地球餐厅,他单手将方向盘转了两圈,车子滑进了停车的方格内。

"先进餐厅填饱肚子,我们再慢慢思考吧!"乔布斯打开车门同时对沃兹尼亚克说道。

紧邻着地球素食餐厅的果园种植着满满的果树,翠绿的枝叶、各种硕大饱满的果实在斜阳照映下显得鲜嫩欲滴。

傍晚清爽的微风里带着苹果鲜甜的香气,乔布斯轻闭上眼,仰头深深地吸了一口气。

※※※

一九七六年四月一日,加州州政府公司登记部。

办事人员收下眼前年轻人的申办文件后,打量了一下两位同样满脸胡子衣着随意的大男孩。

"注册商标图案还没决定吗?"梳着整齐发髻的女办事员轻皱着眉问。

"我们很快会补上的。"乔布斯马上回道。

"你们确定是这个名称?一旦登记就无法更改了。"女办事员好心地提醒。

"是的。"他点点头,直视着女办事员的双眼。

"苹果电脑公司。"乔布斯字句清晰地重复了一次公司名称。

没有冷硬专业的科技感,却充满着亲和力与创意。

决定冒险放手一搏,身边毫无资源的两人——沃兹尼亚克卖掉了惠普六十五型计算机,乔布斯将他唯一的代步工具福斯露营车转卖出去,终于拥有了一千三百美元的创业基金、产品设计图以及销售计划。

他们将首次推出的电子产品,命名为苹果一号(Apple Ⅰ)。

一个月后,史蒂夫二人组又回到家酿计算机俱乐部,推销他们公司设计制造的电路板,大概是玩家们有些热情退去,下单购买的人并不多,但乔布斯注意到一位新面孔玩家——Byte shop[①]的老

[①] Byte shop,位于门洛帕克国王大道的电脑商店。

板特雷尔。

翌日，乔布斯前往门洛帕克国王大道。

空气中布满未散的新刷油漆味，乔布斯忍住鼻腔的不适，简单地对特雷尔自我介绍后，便开始滔滔不绝。

"这部电脑不像牛郎星那样繁复麻烦，所有的零件都已经组装好了，而且具有 8KB 的存储容量，并附上我们公司的技术主任所撰写的 BASIC 语言，购买的人可以接他们想要驱动的器材，例如键盘、电视机荧幕……"

特雷尔听着这位衣着简便、蓄着长发、满脸胡须的年轻人热切地介绍，突然觉得苹果一号似乎有股让人冲动购买的魔力，他仿佛看到了可以使电脑玩家在门口排队等待购买的销售潜力。

毫不犹豫地，特雷尔向乔布斯预定了五十台苹果电脑。

※※※

搭乘环球航空班机参加完大西洋城举办的第一届电脑展，回到饭店的沃兹尼亚克其实有点沮丧，虽然这样的情绪阻止不了他对下一部新机型——苹果二号（Apple Ⅱ）的研发。

摆在摊位上的苹果一号没有漂亮的金属外壳，也没有电源供应器及周边线材，只有简单的木盒装着一大块复杂的电路板。

沃兹尼亚克耳边似乎响起当时在会场听到的批评声。

"这样的产品根本不起眼，真不知道前面这家伙怎么有勇气来参展。"

"嘿，沃兹。"乔布斯从后面走来拍了拍好友的肩膀，"今天我仔细绕了会场一圈，你猜我发现了什么？"

沃兹尼亚克垂着肩膀摇摇头。

"我发觉苹果一号是整个展场里最先进的电脑。"

"可是今天参展时没有什么人停留在我们的展区,"沃兹尼亚克低头叹了口气,"是个不起眼的商品。你没看到展场里的 SOL-20 电脑笔挺精致的金属外形、一应俱全的配件,看起来就像大公司精心推出的产品……"

"我们所缺乏的只是一应俱全的周边配件及外壳。"乔布斯深褐色的眼睛燃起了光芒,"电源连接线、外壳设计打模、显示器,这些都是可以补足的。我们刚才借用展场会议室测试苹果二号连接彩色电视荧屏,难道你忘啦!"

"竟然可以成功连接显示出彩色字幕。"沃兹尼亚克抬起头来看着好友,仿佛重新点燃了被浇熄的热情。

那时经过会议室目睹这奇迹一幕的一个电脑业务员还说,这是他看过的所有展示电脑中最想要的一部。

沃兹尼亚克记得业务员脸上那惊异的神情。

"可是我们没有资金。"沃兹尼亚克的眼神又黯淡了下来。

"惠普、雅达利公司……应该可以找到想要的资源。"

※※※

里吉斯·麦肯纳[①]刚拒绝了一位不修边幅的年轻人的公关广告邀约,他手里握着英特尔半导体公司[②]的第二份文案计划,在十

[①] 里吉斯·麦肯纳 Regis McKenna。
[②] 英特尔半导体生产公司 Intel Corporation,成立于 1968 年,为世界上最大的半导体公司,总部位于加利福尼亚州圣克拉拉。

平方米大的办公室里来回踱步,方正宽阔的脸紧绷着。

他开始有点后悔没有听助理的话,直接拒绝那位嬉皮士就好,耽误了开会的时间。

不过……

麦肯纳走到窗边看着刚才走出公司一身轻便衬衫牛仔裤的年轻人,他匆匆坐上伙伴停等已久的车子离去。

兴致勃勃、全身热力四射地介绍自己公司商品的模样……

三万美金狮子大开口的广告费用也浇不熄那位年轻人的热情……

麦肯纳打开窗户,带着微雨的风灌了进来。

"他竟然跑去找了麦肯纳!"奥尔康听到消息吃惊不已,嗓门不由自主地大了起来。

美国首屈一指的广告公司,不要说那惊人的费用,恃才狂傲的麦肯纳更是业界少见的硬脾气,有多少间大公司捧着重金等他钦点……

"我也不懂他怎么找到途径跑去那。"韦恩摇摇头,继续说道,"乔布斯邀约我加入他们的公司。"

"你答应了?"

"是的,但我还待在这里不会离职的。"四十七岁的韦恩还是认为创业冒险不宜投入全部的心力,免得两头落空。

"这是你帮史蒂夫的新公司设计的商标吗?"奥尔康好奇地拿起韦恩办公桌上的图纸。

黑白为基调,以水彩表现出年轻时的牛顿——捧书、低头专注在苹果树下阅读的剪影。

奥尔康看着这幅典雅、满是英国维多利亚绘画风格的商标,点头道:"的确符合苹果电脑公司的意味……"古典与科技的交汇,确实让人耳目一新。

外头传来一阵敲门声,布什内尔穿着灰黑色最新款阿玛尼西装走进来。

"史蒂夫创立新公司,他已经跟我谈好重要零件供货的事情。"布什内尔向韦恩点头示意后,转向奥尔康继续盼咐道,"微处理器、电源供应器目前由我们直接供货给他,奥尔康你联系底下的采购业务,交办一下。"他停下脚步顿了一会儿。

"老板,之前德国有家厂商想购买电源供应器,若也要供应史蒂夫的公司,那么……"奥尔康问道。

"优先供货给史蒂夫的苹果电脑公司。"布什内尔直接下达了指令。

※※※

艳阳高照的六月。

瓦伦丁汗流浃背地走进他在红杉资本的专属办公室,直接进淋浴间冲洗。

铃、铃、铃——

瓦伦丁拿起浴室门外的挂式电话。

"老板,门口现在有一位自称是雅达利公司前员工的嬉皮士……"秘书掩住话筒调整了一下语气,"苹果电脑公司的老板——乔布斯先生找您。"

"请他先进二楼会议室。"

十分钟后瓦伦丁匆匆走进会议室,看到一位白衬衫、破牛仔裤,眉目清秀、满脸胡须、蓄着中长发的精瘦年轻人,大剌剌坐在会议室的正中间。

"乔布斯先生。"瓦伦丁短眉皱得老高,但很快恢复平稳的表情。

"叫我史蒂夫就好。"

"我收到布什内尔的推荐电话及信函了。关于投资贵公司的事情,"瓦伦丁在乔布斯对面的位子坐下,"史蒂夫,对将来公司的营运有什么规划吗?"他切入了正题。

"做出世界最棒最好的电脑,改变世人对于电子产品的想法。我们公司的苹果一号已经……"乔布斯深褐色的眼睛瞬间亮了。

"好,你希望红杉资本投注多少资金?"

"十五万美金。"

"好的,真的很有勇气。想必贵公司也准备好了营运计划或是商业规划。"瓦伦丁笑着说。

"商业规划……"乔布斯舒服地伸直双腿并放在会议桌上,"我刚才已经说完了。"

瓦伦丁丰润的长脸沉了下来。

"把你的脏脚拿开。"瓦伦丁冷声说道。

"请先准备营运计划书再进到这里讨论投资的事。"瓦伦丁站起来,"我还有重要会议,今天就到这里。"他毫不客气地下逐客令。

乔布斯很快将脚放了下来,脸涨得通红似乎欲言又止。

"你必须找到一个懂行销、配销,同时也会写营运计划书的人。"看在老朋友布什内尔的份上,瓦伦丁最后好心地提醒他。多年来的艺术熏陶,让瓦伦丁脾气变得温和,过去的他绝对不可能有如此善心。

乔布斯起身走近瓦伦丁,眼神满满的歉意。

"可以请你告诉我三个人选吗?对于商业营运的实际操作,我并不是非常了解。"他背微弯,低声下气地恳求道。

瓦伦丁看着眼前态度突然转变的年轻人,他踱步到前方的主席桌,拿起了便签,写下三个姓名。

※※※

清晨,山谷间鸟群成阵列飞起,朝阳橙黄的光芒在山岭间静静漫出。

禅堂的窗户被风吹开,浓浓的雾气飘进来。

乙川禅师仍端坐在前堂。

整晚禅师都保持这样的姿态,动也不动。

今天的禅堂暂停开放,乔布斯从昨晚就待在塔萨加拉禅宗中心跟着乙川禅师。

山谷的气温偏低,乔布斯在内观禅定中能知觉到温度的变化,却感受不到外界的冷。

师徒二人已经禅坐了八小时。

乔布斯睁开了眼,几个吐纳后将酸麻失去知觉的腿伸直。

看来禅师还会继续禅定,他眼光停留在乙川弘文禅师的身上,深深地吸了口气,缓缓收拾后走出禅堂。

> 禅,不是字面上的意义,而是整体的追求。
> 开悟、顿悟、求得般若都是一种假象。
> 习禅里,顿悟的力量来自忍辱心及随顺心中的深切思维。
> 聆听内心观其自在,注意所有外界让你在乎的事,在生死

面前一无所值。

他内心反复地咀嚼乙川禅师在他昨晚涕泪纵横痛苦抱怨时，用莎士比亚短诗般的奇特语句，慢慢开导他。

"所有外在的期许、引以为傲的事、难堪及恐惧——在死亡前全都失去了意义，只留下最重要的。"乔布斯坐在车内轻握住方向盘，望向前方明亮清澈的天际低声自语着。

※※※

2. 25 岁的亿万富豪

"你好,我是苹果电脑公司的史蒂夫·乔布斯,我们现在要推出新的微电脑产品——苹果二号,需要资金……"乔布斯如同传教士般,对着电话热情地介绍电脑的功能、未来的发展、神奇的彩色电视荧幕显示、BASIC 语言的延伸……

"唉——"乔布斯挂下电话叹了一声,划掉笔记本上第二个姓名,他坐直了身体继续拨下一通电话。

"请问是迈克·马库拉①先生吗?"乔布斯卷高衣袖露出精瘦的臂膀。

有点热,但为了通话时房内完全安静,他将风扇、空调都关掉了。

"是的,请问你是?"电话另一头爽朗轻快的声调让乔布斯精神为之一振。

"我是红杉投资公司瓦伦丁介绍的史蒂夫。"他再度自我介绍,并清晰地讲述苹果二号的特性、未来潜力……

"你是说你们所研发的新型电脑,是市面上未曾出现的,不但能将电脑程序显示在彩色荧幕上,还能用 BASIC 语言下达指令运算……还有打砖块游戏功能?"马库拉突然拉高声音问道。

"是的,欢迎你来公司看我们研发的新型微电脑,绝对会让你

---

① 迈克·马库拉 Mike Markkula,曾担任英特尔半导体公司的工程师。

满意的。"乔布斯的嘴角拉得老高。

※※※

草坪上除草机轰轰的声音停了,浓重的青草味还停滞在空气中。

坐在客厅长桌前的科特基显得坐立难安,他索性扭开前方的电视机。

"海盗一号"不载人宇宙飞船,经过一个月飞行后,已于今天在火星表面软着陆成功,我们现在画面上所看到的就是火星表面的照片。

电视荧屏上,如强风吹过肆虐的多岩石沙漠荒原,呈现在观众眼前,播报员停了数秒后继续用沉稳强烈的语气说:

"海盗一号"从火星上发回天气报告指出,火星上的大气含有百分之三的氮,从而表明火星上可能存在或存在过生命。

"火星上可能存在生命啊!"从车库的侧门走进客厅的乔布斯瞪大眼睛说道,刚完成两块苹果二号电路板的他,视觉尚残留焊接时的光影。

"沃兹还没到吗?"科特基转身站起来问,容易紧张的他脸上几乎没有表情,狭长的脸有些惨白。

"放心,他一定会赶在四点前进来的,惠普办公室距离这里只不过五十分钟的车程。"乔布斯手心冒着汗,拉开木椅坐下。

马库拉三天前允诺今天下午四点会来看看他们的产品。

这一刻将会决定苹果电脑公司是否能成为他投资的标的。

乔布斯抬头看了墙上的壁钟。

三点三十五分。

"我们先到车库整理台面及电路板……或者坐在草坪上晒晒太阳也不错。"乔布斯转头对着科特基笑道。

金色雪佛兰敞篷车在克里斯大街停了下来,一位西装笔挺的金发男子下了车。

"请问是马库拉先生吗?"坐在草坪长椅上的科特基立刻站起来问道。

"是的,你好!"迈克·马库拉脸上挂着浅笑,"这里是苹果电脑公司?"

"马库拉先生!"蹲在车库整理器具的乔布斯起身大声向马库拉招手。

天气闷热,马库拉脱下外套挂在手臂上。

三十四岁,曾任职半导体公司高层主管的他已过着退休的生活,但对于未来的规划,仍是要投资电脑科技产业。高中时期体操运动员的生涯,让他对于每个行动都力求精准,这一次既然是瓦伦丁介绍的新兴公司,应该可以值得期待,虽然……迎面而来的史蒂夫·乔布斯有着不修边幅的长须发,穿着破旧的牛仔裤还有一股不知多久没洗澡的体味……

"这个就是我们的苹果二号电脑。"乔布斯语带兴奋地招呼着将来的投资金主。

裸露的电脑主机板连接着一台十五英寸电视,而荧屏上正显示着一行行彩色的字母。看到这里马库拉几乎屏息忘了身边两位同样蓄着胡须、衣着随意的嬉皮士，甚至连乔布斯身上厚重的体味也不那么在乎了。

"这位是技术工程师，同时也在惠普电脑公司担任实验室主任。"乔布斯介绍着沃兹尼亚克，平实的声音变得有点高亢。

马库拉紧盯电视荧屏，身旁的沃兹尼亚克一个接着一个示范苹果二号的功能，他快速地键入程序代码，各种运算结果、图像、游戏画面慢慢接续展示出……

他仿佛看到不可思议的未来。

※※※

旧金山，库比蒂诺。

昏热忙乱的夏秋过去了，街道行人纷纷穿上厚重的大衣。

沃兹尼亚克搬进了苹果电脑公司新总部。身为创办人之一的他，正式成立公司半年多后，才在各方股东、伙伴的劝说下于昨天正式向惠普提出辞呈，专注在新事业全力发展。

站在七楼俯瞰底下的车水马龙，刚才埋首电脑新功能研发已有五小时的沃兹尼亚克这时才感到真实。

与自己的好友创立一家公司啊……

若不是乔布斯铆足全力的四处奔波、筹措各种资源、不惜任何代价地寻找投资金主——纵使被一次次的拒绝，他仍坚信苹果二号是个人电脑的业界唯一创新，具有不可取代的魅力——这家公司才有相当的资金能进一步发展啊！

冬末，夜晚很快来临，街灯在逐渐昏暗的暮色中一盏盏点亮。

沃兹尼亚克离开苹果公司的专属商业大楼，驱车前往雅达利公司。今天乔布斯与新合作的公关广告公司商讨新的商标,每天他似乎都有用不完的精力——洽谈新案、发号施令、招募人才……

车子停在不起眼的街角。沃兹尼亚克将座椅拉低平躺望向雅达利公司流线字体的招牌,突然想静静望着过去曾驻留的点,因为最近的变化实在太多、太快了!

员工三三两两从大门鱼贯走出。

"布什内尔大老板点子真的是太疯狂了,让电玩游戏机走入家庭,难道他不知道电玩专营店占我们总体营收的八成吗?"

"是啊!去年开始研发的可连接家用电视的游戏机是很成功地吸引媒体报道,但这一段时间客诉维修的电话暴增。"短发脸上满是雀斑的女生摇摇头。

"你们还记得史蒂夫吗?只上夜班的那位。"戴帽子个头矮小、看不清是男是女的员工说道,"听说他新成立一家电脑公司,甚至还有专属的办公大楼!"

"什么?"周遭五六位女生全都停下脚步,惊讶地看着说话的人。

"贝蒂……你没弄错吧?史蒂夫·保罗·乔布斯,常常工作几天就人间蒸发,卫生习惯不佳,似乎连体香剂都没使用过。"漂亮的金发女生睁大眼睛,"据说他连大学都没毕业,里德学院读了半年就休学了。这样的人还可以……"

"也别这么惊讶,布什内尔非常赏识他的,大老板常常跟秘书说,很少见到像史蒂夫那样对于电子产品充满热情并且有执行力的人。"

沃兹尼亚克将那群员工的对话听得一清二楚,等到她们都走远后才拉直了座椅,他发动了引擎轻握着方向盘。

静夜里，只剩下引擎轰轰转动的声音。

※※※

两年半后。库比蒂诺，苹果电脑公司总部大楼。

科特基着急地在五楼会议室前徘徊，他不断地低头看腕表。

"新的电脑研发案，就命名为莉萨……"

"那么沃兹尼亚克会在新的部门指挥吗？"

"他应该还是待在原本的苹果二号部门。"

……

木制大门一开，数十位高层主管涌了出来，讨论声此起彼伏。

乔布斯仍是一头乱发、蓝格子衬衫及深色牛仔裤。他站在会议桌前与两位程序员似乎仍在争论，脸上的方框眼镜让他添了些商务气息。在大股东马库拉的劝说下，他也开始注重卫生习惯，浑身散发企业领导人该有的清爽。

科特基嘴唇紧抿，直直地看向乔布斯。直到另外两人离去后，他快步走进并将木门大力合上。

"莉萨……"科特基刚开口就被乔布斯打断。

"嗨，科特基，虽然你也在公司，不过也太少遇见你了。如果有什么技术可以改进的建议，务必提出。"乔布斯眯眼微笑，手仍不停歇地整理桌面杂乱的资料。

"史蒂夫，我希望你不要再逃避了！莉萨是你亲生女儿是事实。"科特基吼了出来。

"你明明知道克里斯安不只有我一个男人。"乔布斯声音变冷，"我会请律师处理，你就先将自己的工作做好。"

会议室大门突然被打开。

"史蒂夫——"闯进来的人喊了一声,随即被两人难看的脸色吓得赶紧倒退离去。

"科特基,在公司我们不谈论私事。"乔布斯面无表情低声说,眼角余光望向刚退离会议室的职员。

"克里斯安已经半年没收入了。莉萨出生时你还去探望过……"

"政府会给她社会救济金。"

"史蒂夫……你!"科特基已经气得说不出话来。曾与他到印度禅修的好友何时变得如此冷血无情……莉萨明明是他的骨肉,就连名字也是他亲自取的。

"这是圣马特奥县政府要求你接受亲子血缘鉴定的通知书。"科特基脸色铁青地将揣在外套内层的信封丢在桌上。

乔布斯目送科特基离去后,将刚才闯入会议室的职员叫了进来。

"告诉拉斯金①,可以确定安排九月第一个周末的帕洛奥图研究中心参访。"

"可是,"载厚重眼镜的男职员迟疑了一会儿,"我记得您九月固定周末都要律师会商……"

"那些都可以更动,拉斯金这半年来不断建议我去参访,应该有什么值得一看的地方。"

---

① 杰夫·拉斯金 Jef Raskin,原于圣地亚哥大学教授资讯、艺术与科学,1978 年一月加入苹果团队。

※※※

　　细雨连绵的早晨，让秋季闷热的帕洛奥图凉爽不少，一辆蓝色雪佛兰轿车顺着圆形花圃滑行进了平时戒备森严的施乐公司斯坦福研究园区。

　　"阿特金森，所以预测未来最好的方式，就是去创造未来……"坐在副驾的乔布斯一路不断比手画脚地描述他对新一代莉萨电脑的规划。棕色卷发的阿特金森握着方向盘，不断地点头，上个月他成功在六天的时间内用高阶的程序语言——Pascal，为苹果二号撰写新一代的程序，取代原本初阶的 BASIC 语言，让顶头上司乔布斯钦佩不已。也是因为阿特金森极力建议，乔布斯才顺势接纳拉斯金的提议，参观施乐的研究中心 PARC[①]。

　　苹果电脑公司年轻的创办人带着几位工程师前往研究中心的消息，早在三周前传开，今天并非他们第一次到访。

　　"施乐最新研发的奥图原型电脑，最神奇的就是位图显示及面向对象的编程语言 smalltalk。"阿特金森直到下车关门时，才慢慢开口道，"上次给我们展示的只是基本的文书处理软件。"

　　"我已经再三跟施乐创投部门沟通过，不用这么没意思的留一手，我们公司都已承诺在明年夏天召开第二次股东会时让他们入股。但条件是 PARC 能掀开神秘面纱让我们瞧瞧，才可以允许他们投资一百万美金[②]。"乔布斯理了理衬衫衣领，又快步低头陷入沉思。

----

　　① 帕洛奥图研究中心 Palo Alto Research Center，为施乐公司 1970 年于美国加利福尼亚州的帕洛奥图成立的研究机构。
　　② 苹果电脑公司的股票上市后，原本一百万美元的股本飙增到三千万美元。

苹果二号在去年西海岸电脑展几乎可说是风靡全场,沃兹尼亚克于圣诞新年假期赶工为其加入 shugart① 磁碟机,更是消除原先卡带读取缓慢且操作不易的困扰,使苹果二号电脑在一九七八年销售一飞冲天,也让投资人增添不少信心。

再度踏入研究中心的乔布斯一行人,早已吃了秤砣铁了心,此次必定要一探研究中心的最新电脑技术,不能空手而归。

"拉里·特斯勒②,负责研究中心的工程师。"约莫三十五岁蓝衣黑裤笑容可掬的奥图电脑研发人员在乔布斯一行人踏进大门便迎了过来,自我介绍道。

"今天由我跟戈德堡③带各位参观……"

"等等,莉萨团队的主管库奇④与负责程序设计的霍恩?"拉斯金打断特斯勒热情的介绍,往外左右张望,没多久看到一辆银色轿车疾驶而来。

"先进去参观吧!"乔布斯迈开步伐率先走进,特斯勒急忙追上脚步。

四十分钟后,所有人都在一台电脑显示屏前定格。

"可以再说一次是什么吗?"阿特金森的脸几乎贴在显示屏上,鼻子呼出的热气在显示屏上漫了圈白雾。

"图形界面及位图显示。"特斯勒笑着说道。

---

① 1976 年 Shgart 公司推出的市面上第一款磁碟机。
② 拉里·特斯勒 Larry Tesler,出生于美国纽约州纽约市,1961 年进入斯坦福大学主修计算机科学,1973 年至 1980 年在施乐公司 PARC 工作,1980 年进入苹果电脑公司。
③ 戈德堡 Adele Goldberg。
④ 库奇 John Couch,霍恩 Bruce Horn。

"这真是太神奇、太神奇了……"乔布斯不断地在奥图电脑附近来回踱步,喃喃自语,"真不敢相信你们施乐将'桌面'放进了电脑。你们真的是坐拥金矿、坐拥金矿啊……"乔布斯双手握拳,眼睛绽放神采般的熠熠生辉。

"我再展示一项创新的技术!"特斯勒低下圆润饱满的额头,在键盘旁拉出约莫拳头大的方型机器。

咔拉,咔拉。

泰斯勒握住方型小机器,左右滑动,荧幕竟出现箭头跟着移动……

乔布斯眼睛睁得大大的,完全忘了呼吸。

※※※

一九八〇年,七月,库比蒂诺。

苹果电脑公司总部一楼前台的电话响个不停,三位总机小姐手忙脚乱地接听并耐心记录,转接每通来电。

"负责苹果三号(Apple Ⅲ)的生产工厂要找硬件设计部门……"

"麦肯纳公关公司的……行销主管亚辛斯基……"接电话的总机愣了一下,立刻转接至董事乔布斯的办公室。

"史蒂夫的女友?"旁边正在振笔记录的短发女生好奇问道。

"您好,这里是苹果电脑公司,有什么可以为您服务的呢?"另一位总机小姐点头并迅速接起来电。

"摩根士丹利公司?"黑发齐肩声音甜美、年纪最轻的总机小姐重复确认电话另一头传达的讯息,"好的,立刻为您转接到迈克·

斯科特①总裁办公室。"

中午十二点,总机电话自动切换成午休模式,所有来电均转入语音留言系统,响铃的声音终于停歇,正当总机人员喘一口气准备外出用餐时,公司玻璃大门被推开,外头的热气灌了进来。

两位西装笔挺手提公文包的金发中年男子走进来。

"证券承销商——汉布里克特-奎斯特②公司的代表,我们与总裁迈克预约了十二点半的会谈。"其中一位向总机小姐递上名片。

铃,铃,铃——

乔布斯办公室内的三支专线接连的铃声让人有些神经紧绷。

门外排了十几位部门经理、工程师、合作厂商,他们神情各异地不时翻阅手上文件或是低声交谈,都在等待与乔布斯做进一步的会商交涉。

"VisiCalc 电子制表和个人财务程序,你们公司使用了吗?"

"公司财务部门半年前就开始使用了,烦琐的税务资料只要简单输入既定程序,结算结果很快出现,省去不少麻烦!"

"你也读了投资家罗森③在《产业通讯录》的文章?"问话的塑胶模具厂商挑高眉推了推粗黑的镜框。

"那还用说,这两个月好几家大型企业加紧订购了好几套。"隔壁闭目养神的电脑工程师突然插嘴道。

---

① 迈克·斯科特 Mike Scott,1977 年由马库拉带进苹果电脑公司,担任总裁。在进入苹果电脑公司前,曾是电子芯片制造商国家半导体(National Conductor)的主管。
② 汉布里克特-奎斯特 Hambrecht & Quist。
③ 本·罗森 Ben Rosen。

"只在苹果二号能执行的 VisiCalc 软件,更是让电脑销售量大增啊……"几位合作厂商眉开眼笑地接着说。

※※※

闪烁的补光灯刺得乔布斯差点睁不开眼。

他依照摄影师的要求,双手抱胸侧站,眼睛则不由自主地望向一旁麦肯纳行销主管——亚斯辛基美丽干练的身影。

摩根士丹利与汉布里克特-奎斯特证券商已经将公司进入次级市场①的预报资料,送至联邦贸易委员会;今年历经艰辛才在九月上市的苹果三号,更是投资人关注的焦点;当初二十万美金创立的公司,在投资人陆续看好入股后,资本额已达三百多万……

这在个人电脑产业中表现出众、甚至刮起旋风的苹果电脑,于马库拉及市场观察家的宣传下,数十位风险投资专家以及红杉资本的瓦伦丁也加入行列。

瓦伦丁啊……

乔布斯用力眨眨眼,才将快涌出的泪水逼退,三年前红杉资本的老板毫不客气将他请出会议室的场景宛如昨日。

踩着白色背景纸坐在摄影助理搬来的椅子上、将苹果二号电脑抱在怀里的乔布斯,身穿利落合身西服,洁白的衫领系着红色领结,脸上露出灿烂笑容。

苹果电脑公司短短三年内业绩增长百分之七百,一九八〇年的营业额高达三十亿美元。

---

① 次级市场 Secondary Market,针对已发行的证券进行买卖、转让及流通的市场。

一九八〇年十二月十二日，苹果电脑股票正式挂牌上市。

开盘股价为二十二美元，收盘股价来到二十九美元，一夕之间苹果电脑资本额暴升至一点七亿美元，成为一九五九年福特汽车上市以来，金额最庞大的首次公开发行股票案。

乔布斯的资产估计为十六亿五千万美元。

年仅二十五岁的他成为美国史上最年轻的亿万富翁，他俊美自信的容貌跃上了数家世界知名的杂志封面。

他——成为推动苹果的金童。

※※※

3. 被苹果驱离

匆匆离开办公大楼的拉斯金转身时突然被后面的人撞个满怀。

哗啦——

他手里装满文件的纸箱瞬间翻飞在地。

"经理,对不起,对不起!"实验室不眠不休赶工的工程师连忙道歉,为了达到乔布斯高规格的要求,他已经连续加班三十六小时未曾阖眼。

"荷特,没关系……"拉斯金笑笑说道,丰润敦厚的脸上没有一丝不悦。

荷特、拉斯金蹲在人来人往的大门口捡拾散乱一地的文件,很快就有经过的员工停下脚步帮忙。

"这是?"荷特拿着写有"新专案申请书"黄色封面的夹子,眼里满是疑惑。

"Mac①?"旁边捧着最后收拾好的文件的职员探头望了一眼诧异惊呼,"这不是特殊的苹果品种吗?"

"你也懂蔬果品种?"拉斯金笑道。

"大学时期旁听过植物系的课程,除了电脑硬件设计也喜欢平日在家种些花草。不过……"说话的硬件设计师顿了一会儿,"据

---

① Mac,即 McIntosh,一种苹果品种的名称。苹果公司后将新电脑命名为 Mac。

说史蒂夫并不喜欢这个专案。"他放低声音说道。

"所以我才会搬到其他地点继续研发，省得史蒂夫心烦。"拉斯金半开玩笑道。

不远处乔布斯在高层主管的簇拥下从停车场走过来。

"无论如何想办法在莉萨电脑呈现位图显示的技术。"乔布斯挥舞手臂语气坚定地说，"我们要改变世界对电脑的看法，位图显示必定是未来趋势。帕洛奥图研究中心的高级技术人才我会想方设法挖过来。"

"可是在处理器的第一关应用上，就……"旁边金发矮个子的莉萨团队技术主任讷讷地说。

"你们必须亲眼见见那部电脑。"乔布斯摸了摸修剪整齐的胡子，"再安排大家参访施乐最新的奥图电脑研发单位。"他低头若有所思道。

……

十多位主管跟着乔布斯的脚步迅速地消失在电梯间。

拉斯金抱着纸箱站在一旁，没有人注意到他。

"这是研发一台操作容易，能结合文字及图表，售价大约一千美元，能在市场异军突起的电脑。"

"你是疯了吗？"乔布斯大力敲着桌子，"这是永远卖不出去的赔钱货，苹果公司绝对不会想做这类的产品。"

拉斯金将纸箱放进副驾驶座，往史蒂文斯溪大道驶去……

乔布斯在年度会议里年轻气盛的表情，不断地在他脑海里重复……

※※※

"你说史蒂夫又带了莉萨团队的工程师到处跑!"迈克双手抱胸眉头紧锁。

"库奇已经足足三四个月没有看到所有工程师、技术人员在实验室全数到齐……甚至已经五次无法聚集各分部组长开会。"女秘书如实地对着公司总裁报告。

"好,我明白。"迈克轻叹了口气,闭眼沉思后慢慢开口道,"通知各董事,下周一召开临时董事会。"

迈克抿紧双唇,脸颊法令纹如镰刀般的深刻。

史蒂夫虽然是公司的创办人之一,而他火爆的脾气、反复的决策及几乎严苛的要求,已使得原先预计七月推出的苹果三号迟了半年才上市,更不用说这三个月来好不容易上市的苹果三号因为散热造成故障当机的问题层出不穷,被各大专业杂志严厉批评,使得公司紧急以旧换新召回一万多台。问题的源头是史蒂夫想让苹果三号运转时寂静无声,坚决撤除散热风扇。

窗外碧蓝的天空逐渐被飘来的云朵掩盖,斜斜的细雨飘下。

十二月冬天的风,那刺骨的寒冷让迈克不禁拉紧身上的薄外衣。

两周后,乔布斯被董事会通知,莉萨电脑部门正式由库奇接管。

接下来好几天都看到乔布斯在各个部门神色不安地游走,时而坐在办公室沉思、时而开车拜访产业界的前辈大佬。

※※※

浓雾散去的阿拉莫广场露出大片翠绿草坪,环绕的街区建筑在云雾飘离后露出细腻的维多利亚风格——鱼鳞般的木墙、伸出墙外的方窗、圆形的立柱、精雕的装饰,显示着欧洲移民优雅及追逐美感的情调。

轰轰轰——隆——

悠然啄食地上谷物的鸟儿们,被重型摩托车奔驰的引擎声惊得四处飞散。

附近的居民只是望了一眼,倒没有太大的惊诧。作为旧金山第二大住宅及中心区,聚居着各大民族,这里混杂着重金属摇滚乐、慵懒的爵士曲,还有三不五时骑着重型摩托车呼啸而过的嬉皮士、拘谨的日本人,以及总是飘出诱人气味的中国餐馆。

重型摩托车上跳下满脸胡楂的青年。

"杰伊[①]。"

"你来啦!"坐在餐馆外墙旁的杰伊从椅子上站了起来,一百九十二公分壮硕高拔的身材足足比青年高一个头。

走进餐馆,几位客人盯着他们不断地私语着。

"那不是苹果电脑的年轻老板吗?《公司》杂志的封面人物。"

"旁边那位是他的老爸?"

乔布斯仿佛没听见任何话语,他直勾勾地望着杰伊——几个

[①] 杰伊·埃利奥特 Jay Elliot,苹果电脑公司的副总裁,掌理全公司的营运事务,直接受命并辅佐乔布斯,全程参与 Mac 电脑的开发。他执掌期间,苹果电脑公司业绩从一亿五千万美元跃升至三十亿美元。他年长乔布斯十九岁,是当时年轻乔布斯的左右手及导师。

月前延揽进来的资深的英特尔公司前主管、现任苹果电脑的销售副总裁。

"我知道你要说什么。莉萨电脑已经开发了两年,董事会早就失去耐心……"杰伊向服务生点餐后,转头看向略显忧郁的乔布斯。

"莉萨将是了不起的电脑,整个宇宙都会为之震动,库奇那不懂事的家伙只会毁了她。"

"公司里有很多部门都在研究不同新产品,应该有你可以继续掌握的。"杰伊打断乔布斯的抱怨,他眯起圆润的小眼继续说道,"所有的营运细节、市场销售区块、财务状况、重要研究人员都在你的脑袋里不是吗?你只要稍微挪移……"

乔布斯眼睛忽然亮起来。

"Mac 研发小组。"乔布斯弹了一个响指。

那是遗世独立在新办公大楼几个街区外,只有四个工程师的"边陲"小单位。

"只要冷静思考,没有解决不了的问题。"杰伊笑着用筷子夹起一颗水饺放进嘴里。

※※※

明亮夕阳下,奔驰四五零银色敞篷车驶进史蒂文斯溪大道,流畅地倒入停车位。

乔布斯的手心微微沁汗,这些日子烦心的事情特别多,就连禅坐也无法抚平内心的躁动,他大大地吐了一口气,脑海还残存昨晚梦回儿时的影像。

> 精挑细选、全世界最与众不同、最珍贵独特的……

他闭眼低喃着梦境中父亲对他说的话，深深地吸口气后快速离开车子，走进苹果公司总部三年前的旧大楼。

"我是来接管 Mac 部门的。"乔布斯一见到拉斯金，立刻劈头说道。

"这三周工程师史密斯已经使用摩托罗拉六八零零的微处理器重新设计 Mac 原型机，"乔布斯继续紧追不舍地说，完全忽视拉斯金一阵青一阵白的脸色，"你换掉原本比乌龟还慢的六八零九处理器吧！"

"但是这样的话，电脑价格会超过一千美元。"拉斯金用力挺起胸膛说道。

"史密斯突破各种关卡才将 Mac 原型机的处理速度变快，再者难道你忘了迈克也赞成我主导 Mac 的设计？"

拉斯金闭起嘴，直直地看向乔布斯。

"你可以专心致力于软件及出版[①]了！这不是件很棒的事吗？"乔布斯顺手拉开办公桌前的高椅，舒服地将身体埋进柔软的椅垫，"另外 Mac 部门明天将会进驻几位工程师，科特基及阿特金森也在新增人员名单内。"他简明扼要地下达命令。

※※※

一九八一年二月二十五日星期三。

[①] 1976 年苹果电脑公司草创时期，乔布斯说服拉斯金帮苹果二号撰写使用手册，后来拉斯金进入苹果电脑公司，担任出版部经理。

早上九点开始，迈克总裁的办公室，不断地有人员进进出出。

"过去我一直说，只要公司发展方向不再让我开心，"迈克放下手中的冰啤酒，打了一个酒嗝，"我就会离开苹果电脑。但是我改变想法了，一旦不好玩了，我将会不断解聘员工，直到我再度感到有趣为止。"

那一天，迈克解雇了四十多名员工。

接连好几周，各部门职员都显得惶惶不安。

夜空下，七彩线条堆叠的苹果标志仍闪动着轻盈的光彩，右侧缺口镶进"apple"的字样，充满简练优美与创新的动感。

麦肯纳广告公司与史蒂夫独特商业美学品位的交融下，催生的作品果真一眼就能让人意会那股清新的科技意涵……

马库拉双手环胸凝视玻璃窗外的公司标志，浅棕色的眼睛若有所思。

他按下电话的速拨键，接连与几位重要董事联络。

"经营内部出现失控，我们不能任由状况恶化下去……"

"你警告过他了吗？"电话另一头略带磁性的声音问道。

"他做决定前并没有跟我商量。"

"我跟其他两位董事决定由你全权处理。"

"好的。"马库拉寒暄几句后便结束通话。

苹果电脑公司大楼有几处部门仍灯火通明。

马库拉关掉桌上的电脑后在办公室来回踱步。直到所有的部门灯光全暗了下来，他又拿起电话拨打熟悉不过的号码。

"史蒂夫？"

"我是！"乔布斯将手中的书搁在一旁。

"你可以开始寻找新任的总裁人选，这段时间由我暂代职务。"

墙上挂钟发出咔嗒声，响起今日第二十三次的旋律。

※※※

加州，圣地亚哥，圣克鲁兹山谷机场。

比奇富豪号私人飞机在航道三公里前的进场定位点进入下滑道，机身两侧黄色警示灯不断闪烁。

"报告塔台，切换脱离自动驾驶，由机组控制保持飞机处于ILS[①]航道上手动。"沃兹尼亚克坐在机舱驾驶座对着头戴装置报告降落状况。

同样身为苹果公司创办人的他，偶尔也会驾驶私人飞机赚取费用。这是他调剂身心的乐趣之一，更何况即将向女友求婚的沃兹尼亚克，正准备用这趟旅程的八千美金收入购买求婚钻戒。

他按照指示放下起落架，五秒后开始滑行，机身底下突然发出咔啦咔啦的声音，并不断摇晃……

"啊……啊……"

乘客尖叫声四起，飞机剧烈摇晃后瞬间脱离轨道。

沃兹尼亚克全身肌肉紧绷握紧操纵杆，努力维持平衡。

阵阵的汽油味弥漫整个机舱，沃兹尼亚克在一阵剧烈撞击后瘫软在驾驶座……

---

① ILS，仪器降落系统 Instrument Landing System，俗称的"盲降系统"，为目前应用最为广泛的飞机精密进场和降落的导引系统。

一九八一年三月，罗森研讨会。

"电脑的使用必须是简单明了，所以在程序设计上纵使艰辛复杂，也要务必让使用者轻易操作。"乔布斯坐在自己的位子上嗓门不自觉地提高，"界面上的规划尤其重要。"

"所以苹果电脑正在研发更创新的电脑界面吗？"好不容易等乔布斯说完，一旁参与研讨会的电脑开发商好奇地问道。

"只要告诉使用者程序码的输入顺序，不就可以顺利解决问题？难道还有更快的方式？"坐在乔布斯对面身穿蓝色西装的股市投资专家质疑道。

乔布斯拉高白衬衫的衣袖，伸手拿起水杯润喉后继续说道："我不能透露太多，不过目前输入程序码才能命令电脑计算、分析或进入游戏画面……"

长达两个半小时的研讨会中，乔布斯对于公司正在研发的Mac电脑方向的解说，占去五分之一，几乎成了苹果电脑公司的商品介绍会。

"嗨，史蒂夫。"一位骨架细弱充满书卷气息与乔布斯年纪相仿，自称软件开发商的男士在会后走近乔布斯。

"比尔·盖茨。"他热情与乔布斯握手并介绍道，"多年前我们好像在家酿计算机俱乐部见过面。"比尔主动向前与乔布斯攀谈，顺势表达他对Mac的赞叹与好奇。

"请问是乔布斯先生吗？"一位接待人员行色匆匆地打断两人交谈。

"有来自您公司的紧急电话。"

※※※

九月。

橘红的阳光洒入无尽的大海，海鸟顺着圆弧的苍穹飞行，咸凉的海风阵阵，五十几位年轻的大男孩围坐在刚点燃的火炉边。

"我们正在打造疯狂般的伟大机器、改变世界撼动宇宙的电脑，"乔布斯的脸在夕阳余晖及火光的照映下显得更加生气蓬勃，"我们竭尽所能挑战自己的极限，虽然 Mac 的上市时间已经延后了半年多，但是若没有尽善尽美的产品决不推出……我们这五十多个人日日夜夜拼死拼活，为的就是要在宇宙掀起波澜。我知道，我这个人或许有点难相处，但这的确是我这一生做过最有意义的事。"

乔布斯站了起来。

决不妥协！

"虽然科技团队有折中的方法，然而延后总比做错好。"他解释道，"为了如期出货而采取折中的办法，会让我们沦为平庸……直到出货那一刻才算大功告成。"

过程本身就是收获！

"Mac 团队就有如超级任务在身的特种部队……若大家日后回顾这段岁月，将会对现在的痛苦一笑置之……"乔布斯合上眼，停顿了下来。

"这段时间，将会是我们人生最精彩的一刻。"他缓缓地说。

"海盗团队终将胜利！"程序设计部门的卡普斯突然拿起一面黑色骷髅旗挥舞，并大声呼喊。那面旗帜原本高挂在 Mac 办公室屋顶，象征团队有如海盗般冲劲机敏地将工作完美达标。

"胜利、胜利、胜利……"所有人情不自禁地振臂大喊。

乔布斯面露激赏地望着底下欢呼的"海盗"们，他的眼神慢慢扫过每一个活力四射的脸。

他渴望打造软硬件皆一体成形，而且无法让外人拆解的产品，这样的理念与坚持常让他与沃兹尼亚克争执不休。因为沃兹希望使用者能任意地扩充改造原本的机型。但，这样就无法臻于完美。

乔布斯脑海中浮现仍在医院静养的老伙伴的面孔，经历坠机事件的沃兹尼亚克虽无大碍，然而暂时罹患创伤性失忆症的他，可能短时间内不会插手公司管理。

※※※

百事可乐蓝白红三色的霓虹灯，在纽约街头微亮的天空中闪烁。

公司总裁约翰·斯卡利整晚都待在办公室，为筹办"百事新时代"的系列活动与各主管接力开会讨论每个细节，直到清晨所有事务才告一段落。

他翻阅着会议记录，苹果电脑公司那位年轻创办人俊逸自信的面容及所说的话语，如电影般生动地在脑海播放……

史蒂夫·乔布斯已经亲自飞来纽约四次。

斯卡利方正的脸形，透着刚毅的气息。他看向亮澄澄的光辉逐渐斜射进前方一幢幢高耸入天的大楼。

从衬衫口袋拿出印有七彩苹果的名片，他仔细按照上头特别书写的号码拨打。

响了几声，电话就被接起。

"我是百事可乐的斯卡利，下周日傍晚五点你方便来一趟吗？"

"当然没问题……"电话另一头的忽然发出翻阅纸张窸窸窣窣的声音，"三月二十日吗？"平稳厚实的嗓音有些迟疑。

"是的。"

"好，那天原本有一场会谈，我直接改期。周日见。"还不待斯卡利答话，乔布斯就将电话挂了。

斯卡利有点呆愣地握着话筒，过了一会儿才兀自将话筒放回，他的眼神停留在桌上半年前的《时代》杂志封面——驾骜不驯蓄着小胡子的俊逸青年头顶着鲜红色的苹果，一道斜曲的白色箭头将后方的电脑与苹果串起……

马库拉手里捏着刚拿到的杂志，静静听乔布斯评论着苹果二号、三号部门及刚上市的莉萨电脑的状况。

蓦地他清了清喉咙，站了起来。

"commodore、辛克莱①、奥斯本1②、TRS－80③……这些电脑产品都在市场上跟我们激烈竞争，稍不留意消费者便会向他们靠拢；现阶段公司电脑的竞争都是依赖二号……去年二号卖出了二十七万台，市占率达百分之三十，但IBM也逼近这数字，所以行销广告上也要侧重二号及进阶版的宣传……"

"不不不……Mac塔才是未来，无论是它的机壳、内部电路

---

① 辛克莱研发公司为英国消费性电子公司，1980年推出不到一百英镑的ZX80进入家庭电脑市场，1982年ZX spectrum上市后成为英国最畅销的电脑。

② 奥斯本1 osborne 1，为1981年四月推出的第一台成功商业化的手提电脑，重达十点七公斤，一千七百九十五美元。

③ 坦迪彩色电脑TRS－80（Tandy），于1980年推出的家庭电脑。

板设计、使用者体验、位图显示、绘图的功能都是，"乔布斯喘了一口气继续说道，"都是改变世界的经典之作。"

"但是在接受记者采访时，也不能贬抑莉萨电脑，还说 Mac 将来的定价会比莉萨便宜五分之四，那场记者会公司的宣传重点是已经上市莉萨。"马库拉加重了语气。

乔布斯将身体斜倚在办公桌旁，直直地望着马库拉，窗外灌进一阵风吹乱了他浓密及肩的头发。

"苹果二号迟早会被市场淘汰，我既然领导 Mac 又是公司的创办人，所以坚持的一定是未来。"

※※※

淡雅檀香袅袅升起，敞开的窗户飘进浓雾与香气交织成安抚心神的气味。

晨光绽放，枝丫上覆盖的薄雪渐渐消融。

乙川禅师从偏殿走进禅堂时，乔布斯已静候多时，深邃的眼神藏不住意气风发的光彩。

"禅修吧！"乙川禅师抖了抖衣袖执起钟槌。

当——

"禅师，您怎么不问我为何来找您？"第一声还未响完，乔布斯就急忙开口。

"我不是正在回答你？"乙川禅师瘦削黝黑的脸满是祥和的笑容，"静下心禅坐。"禅师继续敲完两声钟磬后敛眉低目地坐定在蒲团上。

乔布斯解开领口衣袖几个扣子，才将脊梁打直闭眼调整呼吸。

他的心绪一股又一股涌上，不知过了多久气息慢慢稳定，禅堂渐渐盈满柔亮的冬阳。

三小时后乔布斯平静地道别乙川禅师，离开塔萨加拉禅宗中心。

"所以呢？你要来苹果上班吗？"乔布斯问道。他从凌晨开始，在卡梅尔山谷整整待了一个上午，中午立刻搭机前往纽约，虽然行程匆忙但脸上却无半点倦容。

"史蒂夫，你是令人敬佩的青年创业家，所做的一切让我由衷佩服。这些工作内容及优渥的条件，怎能不让我心动呢？但同时我必须说——我加入苹果公司实质意义不大。"斯卡利再度婉拒乔布斯的盛情邀约，他慎重评估并阅读了苹果电脑公司在报刊上所有的报道后，认为继续留在百事可乐总裁的位置才是最好的选择，更何况百事好不容易抢下可口可乐的龙头宝座，正准备开始风靡世界。

"又或者你们可以付出一百万美元的薪酬、一百万美元的聘任奖金，若事情并非顺利的话，额外加一百万美元的解雇补偿金……"斯卡利打算用超乎寻常的价码来吓退乔布斯。

"就算我必须自掏腰包付这笔钱，我也要你来苹果上班。你所提出的问题我们都可以解决，因为……"乔布斯停顿了一会儿，"你是我遇见过最好的人才，我知道你对苹果而言是完美无缺、公司最值得用的首屈之选。"

两人在饭店用餐后一路无话不谈，直到斯卡利提议到塔楼顶端散步，乔布斯才正式回归正题。

纽约繁华的夜景尽入眼帘，各色炫目的霓虹灯在底下闪烁、车辆川流不息,精彩的夜生活才正要开始。

一阵静默后,斯卡利开口了。

"先前你提过曾经想要 IBM 的销售主管埃斯特里奇担任这个职务,我可以帮你说服他;而且我也很乐意担任你的顾问,用不同方式协助你,只要你来到纽约我都非常乐意花时间陪你。但,我不认为自己可以在苹果公司上班。"

乔布斯并没有立刻回答,他仰望着皎洁的弯月、深沉无垠的天际,轻闭上眼深深地吸一口气,眼光调回地面低头看着自己的脚尖。

乔布斯深褐色的眼睛凝视着斯卡利缓缓开口道:"你愿意卖一辈子的糖水,还是有机会改变这个世界?"

瞬间,斯卡利觉得胸膛仿若被抽空般,正准备说出的话语哽在喉咙如火焰般烧灼,脑袋一片空白。

※※※

九个月后,库比蒂诺。

"一百多年前如果有人问贝尔:'您将如何使用电话?'他应该无法说出他将如何改变世界。他无法想象有一天人们将可以借由打电话获知晚上将放映的电影、跟他们的供应商订货。"乔布斯面对《花花公子》杂志的记者滔滔不绝地叙说。为了即将上市的 Mac,接连两三个月,乔布斯密集地接受各家杂志专访。

"今天有些人提议要在每间办公室都摆上一台 IBM 的电脑,这可行不通。人们要会尽是些'反斜杠'的代码,那难度可比摩斯代码有过之而无不及……"

两个小时的采访中,苹果电脑董事长乔布斯几乎没让记者有什么发问的机会,他的眼神动作仿佛火焰燃烧般,热烈激昂地传播着"改变世界"的豪言。

与乔布斯年纪相仿的记者睁大眼专注地听着,有时甚至忘了下笔记录内容。

"史蒂夫。"门外传来敲门声,女秘书神情紧张地探头进来,"很抱歉打扰专访,但我这里有紧急电话,是关于'超级碗'①广告。"

疾步走去接听的乔布斯,随着另一头急切地陈述,脸色越来越凝重。

"不!他们休想撼动这个时段。"乔布斯扯开喉咙大吼。

一旁的女秘书拿着另一支电话压住话筒,在乔布斯重重挂下电话后,面不改色地递给他:"微软公司的比尔·盖茨在线上等候……"

※※※

董事会已经从中午进行到下午五点,十几位董事的面容仍显严肃。

"这样的广告能在超级碗最精彩的中场时播出吗?"

"我已准备将广告时段分成两段转卖出去。"新任总裁斯卡利两手撑着会议桌眉头紧锁。

"史蒂夫应该不会接受吧。"一位穿着浅蓝色西装的董事开口道。

会议室突然陷入沉默。

---

① 美式足球庆典"超级碗"。

"苹果三号的销售一直未见起色，上市已有一季的时间，莉萨电脑……"坐在斯卡利对面最年长的董事沉声说道。

"我会再协调各部门的经理做出应变，底下的工程师也是兢兢业业地工作着……"斯卡利思考一会儿，斟酌着字句回应道。

踏入苹果电脑九个多月，几乎与乔布斯形影不离的他，直到这两周才开始发现公司的运作似乎有些不太合乎常理。公司获利最多的二号电脑反而遭到冷落，最新上市的产品被描述成即将被 Mac 超越的对象……

"所以我决定削减苹果三号的所有活动经费，并且将 Mac 的广告行销费用继续提高。"斯卡利窄长的眉间微蹙，仿佛是迫不得已的决策。随着 Mac 的上市时间不断延后、研发费用节节高升，唯有孤注一掷相信研究团队的努力才能取得最终胜利。

会议桌前方的荧幕反复播放计划在超级碗放送的 Mac 广告短片——面容呆滞穿着制服的一群光头男人，在阴森的大厅中一个个排列整齐地向前迈进……

身着白色无袖运动衫红短裤的短发女子，手执大铁钟奋力地奔跑，几个转身施力后将铁钟往大荧幕上正对台下进行心灵演说的中年男子击去……

轰的一声，烟雾伴随火光四散。

此时超级碗的巨型布幕暗了下来。

一月二十四日，苹果电脑公司将推出 Mac 电脑，你会看到一九八四为何不会像一九八四。

第十八届超级碗——奥克兰突击队出战华盛顿红人队的比赛第三节，容纳七万人的足球场瞬间安静，所有人的眼睛都紧盯着巨型荧幕。

浑圆的被咬一口的七彩苹果，闪耀在光彩夺目的星空下。

※※※

一九八四年二月。

"请问是卢卡斯影业的电脑动画部吗？"

"是的。"

"你是埃德？"

"我是埃德·卡特穆尔①，动画部的负责人……"

"艾伦·凯②……是我啦！"电话另一头的声音兴奋起来，"你在犹他大学③的同学。"

埃德瘦长的脸上没有太多欣喜，他眉头深锁地告诉大学同学卢卡斯影业的近况。

"所以我得知的消息是正确的，你们动画部正在寻找买家。"

"是。已经接触不下五位买家，但……部门若是被他们收购，日后发展可能背离轴心。"埃德不禁叹气。

"或许苹果电脑公司也有兴趣。"艾伦·凯清亮的声音显得高亢，"我目前是公司的首席研究人员，董事长乔布斯也许会有

---

① 埃德·卡特穆尔 Ed Catmull，犹他大学计算机专业博士，皮克斯动画工作室创办人之一。

② 艾伦·凯 Alan Kay，苹果电脑公司的研发专家。

③ 犹他大学 University of Utah，位于美国犹他州的盐湖市，是一所综合性公立大学，1850 年建立。

兴趣。"

乔布斯背着手在停车场来回踱步，从会议室冲下来的他需要一点时间冷静。

"保质期只有三个月是不行的，一定要给顾客最完美的服务……一年保质、一年保质。"他不断地喃喃自语着。

蓦地，他停下慌乱的脚步仰望低垂的白云，两行泪水默默滑落。

半小时后，原本在会议中的马库拉出现在停车场。

"史蒂夫，我们会慎重考虑保质期的延长方案，或许无法马上执行，但是下一季……"马库拉手插裤袋与乔布斯并肩走着。

斯卡利站在八楼主管会议室的落地窗前，直视着乔布斯与马库拉的身影。

第四季度会议被中断。

握着厚厚一叠的报告书，斯卡利深感头痛。

砸下一千五百万美元的巨额行销费在新推出的 Mac 电脑上；而莉萨电脑若三个月内销售未见起色，将很快会面临停止生产；苹果三号虽是号称专为专业使用者设计，但周边应用软件配套不足的情形下，依旧使部门处于亏损的状态……整体公司的营收仍是苹果二号在独撑大梁。

"斯卡利，沃兹尼亚克将在两个月后结束静养回公司，到时希望你能说服他进驻 Mac 部门。"一位资深董事仔细看完所有营运报告后，抬头对着总裁说道。

棕红色大门突然被打开，乔布斯一派轻松地走回座位。

斯卡利拉平袖口的皱褶点点头，转身迎向乔布斯炯然迫人的目光。

※※※

天未明,窗外的鸟啾啾鸣叫。

禅坐中的乔布斯慢慢地吐气又缓缓地吸了口气,才睁开眼。

按照往例伸长酸麻的双腿,等待恢复知觉。

这几天的心特别不安,纷乱的思绪翻搅……

成功地发布 Mac 电脑——震慑人心的超级碗广告、库比蒂诺市的弗林特中心①首次产品发布会、使人狂热的合成电脑语音与符合人性美学的字形,但是……

乔布斯的浓眉皱成一团:微软的比尔·盖茨剽窃了阿特金森呕心沥血的图形界面,正在与 IBM 如火如荼的合作中,然而比尔所研发的应用软件又是苹果不可或缺……

东边的窗户微微透出晨光,他凝视着红黄交叠的天际线,握紧拳头站起来。

希望微软专为 Mac 推出的绘图及表格应用程序,能为销售低迷的 Mac 注下一剂强心针。

昨天斯卡利向董事会报告营运状况的内容,让他回想起来仍气愤不已。

乔布斯紧抿薄唇胸口大力起伏。

"我建议史蒂夫离开 Mac 部门并专注在公司新产品的研发创新上。"

---

① 弗林特中心 Flint Center。

斯卡利低沉的声音让他听来格外的刺耳。

清晨五点的街道仍一片宁静，但是乔布斯却迫不及待地梳理换装准备出发到公司。

朝阳亮晃晃地斜照在色泽温润的原木橱柜上，他回想上周飞抵华盛顿接受里根总统颁发的第一届全国科技奖章的情景。

乔布斯停下正在扣衬衫的手，拿起代表国家荣耀的金质奖章，眼角却禁不住泛出泪光。

与他一同获此殊荣的沃兹尼亚克即将在这个月底离开苹果。

强风忽地将半敞的窗户吹开，也吹乱了乔布斯梳理整齐的头发。

※※※

踩过滂沱大雨后的水洼，马库拉与斯卡利一前一后地走在旧金山现代美术馆旁的大街上。

雨后初夏的闷热散去，地面蒸散的水汽与周围文艺风格浓厚的商街相映成趣。

两人坐进充满西班牙风格的咖啡厅后，很快地切入正题。

"公司市占率不断滑落，新推出的产品到现在仍无法获得消费者的青睐；IBM 的产品虽然界面操作都不如 Mac，但是容易入手的价格及所搭配的众多应用软件，让他们的销售量节节攀升……"斯卡利喝了一口服务生端来的柠檬水，便开始分析着。

"你的意思是说，史蒂夫的决策及过度干涉各部门的运作造成现在公司的亏损吗？"马库拉两眼盯着斯卡利短而方阔的脸。

斯卡利没有立刻回答，他端起刚送来的黑咖啡往里撒进两匙糖，慢条斯理地搅拌。

"Mac 部门有好几位工程师到我这里抱怨，"马库拉叹了一口气，"沃兹尼亚克的离去一半也是由于……为公司赚进大把钞票的苹果二号不停被忽略打压，甚至推出的新改版 E 号的行销费连 Mac 的五分之一都不到。"

"毕竟他还年轻，所以我必须出手掌控公司内部的人事布局。希望你跟董事会能全力支持。"斯卡利说道。

"好吧！"马库拉将白色袖口解开，卷起袖子，"只要能稳定恢复公司营收就放手去做吧。"

隔壁桌对话的关键字吸引了马库拉及斯卡利的注意。

"你也买了 Mac 啊！"

"是的，但我现在非常后悔买了那蠢货……"

"对啊！不但存储器无法扩充外接，还常常因为散热不足而当机。"说话的平头男子摇摇头，"我还因此又买了专为电脑设计的设备。"

"哈哈哈哈，你说长得像烟囱的东西吗？哈哈哈……"另一个满头辫子的时尚青年笑了出来。

听到这里，马库拉低头假装专心地搅拌果茶，而斯卡利则尴尬地拿出笔记本整理新的工作计划。

※※※

一九八五年五月初。

中国允许苹果电脑销售的许可证终于核发，高层的主管汇报更显得紧绷，底下团队的筹备作业更加紧锣密鼓，斯卡利与乔布斯间的角力战似乎愈来愈浮出台面。

乔布斯正与 Mac 团队在伍德赛德的妮娜咖啡馆聚餐。

"来，为自己干一杯吧。只有我们才真正了解'史蒂夫'的世界！"资深工程师贝尔豪迈地举起酒杯吆喝大家。

"哈哈哈……"乔布斯笑了，高举起酒杯。

当——

玻璃杯碰撞的清脆声让咖啡厅里的其他客人不禁侧目。

贝尔微醺的圆脸望向角落的加西①。

"加西，辛苦你了还从巴黎飞回来……来，敬你。"贝尔自顾自地又大口喝下一杯。

乔布斯沿着杯缘直视方桌边的加西，自从得知加西是斯卡利特别从法国调回来准备接替他在 Mac 位子的之后，那张粗厚浓眉下看似忠厚的马脸更让乔布斯感到厌烦，今天他特别邀请加西来参加 Mac 的聚餐，希望加西能知难而退。

几番觥筹交错，二十几位成员连同加西都不胜酒力地离去，只剩下贝尔及乔布斯。

"史蒂夫，大家都支持你！一定要好好打起精神。"跟着乔布斯坐进他的奔驰车里，贝尔拍了拍他的肩膀。

"那还用你说，我一定奋战到底。"乔布斯握住贝尔的手。

"原本是我作为代表出席在中国人民大会堂举行的签约仪式，但是斯卡利决定自己一个人前往，所以，我……"乔布斯低声说了几句。

"所以你打算发动政变推翻掉……那真是太好了！"贝尔惊呼

---

① 让－路易·加西 Jean－Louis Gassée，当时苹果电脑公司在法国分公司的经理。

道，原本的酒意全醒了。

两周后，苹果电脑公司总裁斯卡利突然悄悄取消飞往中国的行程。

※※※

一九八五年五月二十四日星期五。

九点的例行主管会议，乔布斯直到九点十五分才到场。

乔布斯身穿剪裁合身的阿玛尼西装，看起来精神奕奕。他原本在最前方的位置被斯卡利占据，只好绕到另一端坐下。

面容有些惨白的斯卡利等乔布斯坐定后，向大家宣布："今天我们将讨论一项重要的议题……"停顿一会儿，斯卡利的眉头皱得更深，他看着乔布斯，"我已经知道你正计划将我赶走。我想问你，这是不是真的？"

乔布斯，直挺挺的身躯微晃，他眯眼盯着斯卡利。

"我认为你待在这里，对苹果没有好处。这家公司不该由你掌管。你真的应该离开这里。现在你不知道如何管理这家公司，以后也一样……"乔布斯毫不放松地滔滔不绝指控斯卡利对产品发展过程一无所知。

"我请你来。"乔布斯喝了口水继续说道，"是要你辅助我并管理公司，结果实际上你根本毫无作用。"

所有人都愣住了。

"我……我…不相……信你。"斯卡利睁大眼胸膛猛烈起伏地喘着气。

"我……无法……忍受…这……种…信赖……关系。"斯卡利儿时已矫正好的口吃毛病一瞬间复发，他好不容易说完这句话后,不断地深呼吸并将矿泉水一饮而尽。

会议室静默了三分钟,谁也没有开口。

"史蒂夫,既然你觉得自己比我更能管理好公司,不如我们现在马上进行投票。"斯卡利猛然起身走到白板旁,"如果你赢,我就立刻辞去苹果总裁的位置,但是若是我赢……你就得乖乖听我的。"斯卡利深蓝色的眼睛直视着乔布斯,接着目光扫视底下的董事及各单位主管们。

斯卡利在白板写上两人的名字。

在场除了两个当事者,其他十九位都显得局促不安。

"用不着投票,我们轮流说出支持谁就好。"满头白发的行销主管德尔·约克姆率先表态,"我非常欣赏史蒂夫,希望史蒂夫能继续在公司扮演同样的角色……但是,我更'尊敬'斯卡利,支持他经营公司。"

掌控生产线的主管艾森斯塔特站起来接续说道:"我也欣赏史蒂夫,但我支持……"

乔布斯看着一个接一个的主管发言,他感觉空气一点一点变得稀薄。

以外部身份列席的资深公关顾问麦肯纳,他褐色的眼睛凝视着乔布斯逐渐惨白的脸字句清晰地说:"你,还无法担任经营公司的大任。"

十一点的烈阳从落地窗透了进来,照着乔布斯年轻俊逸但却毫无表情的脸,他压在桌面的手心正冒着冷汗。

轮到坎贝尔发言了,他一向是乔布斯那一派的,不怎么喜欢斯卡利。他避开乔布斯的目光抖着声音说:"即使我支持斯卡利……我还是非常喜欢史蒂夫。"

乔布斯慢慢从椅子上站起来。

"我想……"乔布斯气若游丝地轻喘着气,眼睛失去了神采,"我知道情形是怎么样了。"他大步后退,一不小心撞倒身后的椅子,在其他人还没回过神时,转身踉跄着冲了出去。

※※※

不带一丝白云的蓝天清澈无比,苹果电脑公司大楼门口仍是熙熙攘攘。

几位打扮正式的高阶职员站在七彩苹果看板旁面色凝重地讨论。

"总裁计划重整公司。"

"你怎么知道?"

"昨晚马库拉私底下告诉我的。你们知道前天主管会议发生的事吗?"

其他人摇摇头。

"乔布斯董事长被解除 Mac 的职务,据说连带原先苹果二号部门的主管职务也被一并拿掉。"

"等等,那么史蒂夫岂不是在公司毫无职权,只空留一个董事长的虚名……"说话的职员捂住嘴睁大眼惊呼。

将自己关在房间里一整天的乔布斯呆坐在床沿上。

他望着墙壁上高挂的爱因斯坦及甘地的照片一动也不动。

散居各地的人们,在此聚集吧!
时代的潮水已经往上浸升

承认吧！你们将被淹没

如果年华值得珍重，最好此刻开始变动……

今日的输家，明天将大获全胜……

伴着音响里的吉他声，鲍伯·迪伦用慵懒无畏的嗓音反复唱着，那首他曾在苹果股东大会介绍 Mac 所朗诵的歌词。

尽力了，他真的尽力了……

打了十几通电话到处商量对策。但是连他待之若父、曾向他不吝指导各种商业策略并引导他鉴赏艺术精髓的苹果公司高层洛克也无视他的处境。

乔布斯垂头低声啜泣。

董事们还是决定支持斯卡利……

"加西将取代史蒂夫在 Mac 及苹果二号的位子。"斯卡利在白板上画着一个个方框组成的人员架构，解释每个方框连接的所掌管事务。

然而代表乔布斯的"董事长"方框却没有任何一条线相连。

百叶窗缝隙透过的阳光渐渐变弱，乔布斯两眼无光地望着暮色，斯卡利主持重整会议的画面不断地在脑海重播。

他闭起眼睛，咸涩的泪水不停地滑落。

夜幕低垂，乔布斯缩在阴暗的床角，全身颤抖……

斯卡利在会议厅宣布公司重组，事务分配的横线如牢笼般残酷地框住他。他无法实际掌管任何一件专案，甚至曾经全力投入的 Mac——那目标震撼整个宇宙、改变世界的电脑。他只是一个"董事长",被公司抛弃的创办人……

不知何时疲累无助的他睡着了,在梦中他回到六岁里的那一天。

"你,是我跟妈妈精挑细选的宝贝、全世界最与众不同、最珍贵的宝贝。"保罗·乔布斯粗厚温暖的手,拨开小史蒂夫额前满是汗泪的黑发。

突然保罗的身影不见了,旁边出现面容模糊却又神似他和妈妈的一男一女,向他挥手远去……

"不——"乔布斯无意识地朝空气大力挥舞,他挣扎了一会儿便平静下来。

陷入沉睡的他缩蜷成一团,眼角慢慢地淌出泪水……

再现部

低 谷

1. NeXT

  层叠的卷积云在天空缓缓飘移，遮去大片阳光，二十六度的旧金山夏日宜人舒适。

  朴实封闭小社区驶进了一台银色敞篷奔驰，三三两两走出宅院的社区居民，忍不住好奇打量。

  瘦削挺拔的男人利落下车，兀自呆立在车头前，望向三米宽马路的对面。

  "妈妈，你找到我的芭比了吗？"坐在台阶上手拿小树枝，不断对着院子里的沙地画画的黑发小女孩转头喊道。

  "莉萨，你自己先玩一会儿，妈妈要将工作忙完。别忘了妈妈得写文章才能赚更多钱给你买好吃的东西喔。"屋内半敞的窗户被拉开，样貌清秀的金发少妇满是笑容地探出头。

  "妈妈，那位奇怪的叔叔又来了……"莉萨站起来拍掉裙摆的细沙，眯眼望向马路对面。

  金发少妇顺着莉萨的目光看向大街，面色一整飞快地套上长外衣匆匆走到门外。

  "克里斯安。"乔布斯踏进院子里的草坪，点点胡楂的脸上有些疲惫。

  "叔叔……你是？"莉萨不怕生地冲过去拉住乔布斯的衬衫衣摆，乔布斯弯低腰俯视她，"哇，你的下巴跟我的长得好像。"莉萨笑着踮起脚抚摸乔布斯短硬的胡子。

克里斯安的眼神闪过一丝复杂，她走近台阶双手环住七岁的女儿莉萨。

"她今年要上小学了吗？"乔布斯抬头问，"这栋房子的最后一笔款项，我已经请会计师汇进。另外每个月固定的生活费七百美元，应该还足够吧？"

"叫我爸爸，不是叔叔喔。"乔布斯对着莉萨微笑道。

"史蒂夫……"突如其来的强风吹乱克里斯安的金色长发，遮去她大半的脸。

"克里斯安，对不起，前几年让你痛苦……"

乔布斯哽咽略带鼻音的语句，让克里斯安睁大眼。她忘了反抗、大喊甚至不顾孩子在旁咒骂，愣愣地任凭乔布斯将她的长发梳拢在后，好像又回到八年前，那疯狂开往优山美地国家公园的情景……

※※※

西南航空从旧金山直飞意大利的班机头等舱有一位贵宾，空姐们在休息区交头接耳地翻阅几本杂志，指着里面刊载的几张图片，偷偷打量靠窗沉思的年轻男子。

　　乙川禅师带着妻子回日本探视亲人，两个月后才会回到禅宗中心。

乔布斯喘口气屏住呼吸，他的思绪需要找个地方平静，然而打电话到塔萨加拉禅宗中心，得到的回复却让心情更加沉重。

苹果公司的第二季亏损达到一亿七千两百万美元，为股票上市以来最严重的一次。总裁斯卡利，因而裁员一千五百多名员工，并大幅删减广告预算至原本的三分之一。

已失去经营部门决定权的乔布斯，面对公司发布的这一连串新闻，已是欲振乏力。他是被抛弃的那位，但是该走的应该是斯卡利，而不是他。

乔布斯沾满泪水的长睫紧闭着。

不论今天或是未来，乔布斯在苹果的各项活动中都不再扮演任何角色。

五月三十一日周五的股东大会上，斯卡利站在台前宣布，让他更如腹部被重击一般……

"亲爱的。"回到位子的贝兹弯身亲了乔布斯满是胡须的脸颊。"别再想了，多睡一会儿，还有七小时才会抵达米兰。"话才说完又轻轻靠过去吻了沉浸在悲伤中的乔布斯，"你身上的基因真是多愁善感又多变啊……"

"贝兹，你刚说什么？"乔布斯睁开眼。

"多愁善感又多变。"

"前面那句？"乔布斯坐直了身躯。

"基因？"贝兹浓长秀丽的眉毛扬起。

飞抵米兰国际机场，下榻预订饭店休息的乔布斯，盥洗后便盘腿坐在地板上，久久未起。

※※※

　　意大利的托斯卡纳①——一座充溢着古老气息的典雅城镇。行走在窄长的街弄里，不经意就能从三五层的建筑物天际间，窥看到尖塔及宏伟壮丽的百花大教堂擎举参天饱满的砖红圆顶闪耀着历史岁月温厚的风采。

　　游客行人大多往制袜商之路②挤进。

　　乔布斯与女友，骑着新买的自行车穿梭在纵横的街道。

　　"人群都往圣母百花大教堂③去哪！"贝兹握住把手眺望，金色长发在风势的助长下如波浪飘散。

　　"艺术无论多久总会吸引众人的目光。"乔布斯难得露出轻松的一面微笑着。

　　"那么我是你的珍藏艺术品吗？"贝兹嘟起丰润的唇俏皮问道。

　　乔布斯用力踩了下踏板，自行车顺着灰蓝的石板路滑行两米，他避开了几位行人后，回头凝视着后方清丽的身影，直到贝兹停在眼前。

　　"你是我最爱的女人……"乔布斯深情看着贝兹那双空灵清澈的眸子。

---

　　① 托斯卡纳 Toscana，为意大利的最大行政区域，首府佛罗伦萨（又译名为：翡冷翠），常被评价为意大利最美丽的地方。
　　② 制袜商之路 Via dei Calzaiuoli
　　③ 圣母百花大教堂 Santa Mariadel Fiore，始建于 1296 年，于 1436 年完工，哥特式的建筑。1982 年被列入世界文化遗产，为意大利最大的教堂之一，而其圆顶是有史以来最大的砖造穹顶。

吧嗒、吧嗒、吧嗒……

鸟群从上空飞过，掠过两人头顶，垂挂石墙上的蓝色旗帜被气流扰动扬起半弯圆弧。

"累了吗？"乔布斯俏皮地眨了眨眼，"要不要先回饭店休息？还是到 Geleteria Carabe 吃冰淇淋？"

"哇，听说他们的杏仁口味是最好吃的。"贝兹的眼睛像小女孩般发亮，"上头撒满了西西里岛运来的开心果。"

乔布斯宠溺地揉了揉贝兹柔顺的发丝。

"有力气骑到佛罗伦萨亚诺河上的旧桥[①]吗？"乔布斯问。

"哈哈哈——"贝兹轻笑着踩着踏板往学院美术馆方向骑去，"先到 Geleteria Carabe 吧！"

离开太平洋东岸雾气蒸腾的旧金山，来到为千百年文明奠基的地中海地区，随处可见数百年石墙以及上面经年月洗礼的刻痕。托斯卡纳山城教堂内沉稳的报时钟声、目之所及如火焰般的丝柏[②]、军队般成列的葡萄果树、和缓起伏的平原丘陵连接碧洗蓝天，这般无忧远离都会喧嚣的自然景致，让乔布斯烦乱的心绪平静不少。

午后，趁着贝兹回饭店休憩补眠，乔布斯独自一人骑车悠游在佛罗伦萨古朴而狭长的巷弄，轮下散发幽蓝光泽的石板无论行走或是轮压，总是平稳得令人欣喜。

[①] 旧桥 Pontw Vecchio，欧洲中古时期为连接领主办公室与领主宫殿的要道，是欣赏亚诺河（Fiume Arno）日落景色的要道。

[②] 丝柏，一种高大的常绿树木，原产于地中海地区，有着坚硬强韧的黄红树干。

"这里铺路的石板,都来自菲伦佐拉①附近的卡松采石场。"市集附近的居民回答这位看似不修边幅,却有股沉稳自信的年轻人。

"卡松采石场吗?"乔布斯喃喃复诵着。

他喜欢欧洲的文艺气息和星罗棋布各种时期延续的博物馆。尤其是富有人文氛围的意大利,连爱因斯坦都曾在此居住过。

> 生活是一出激动人心且辉煌的戏剧。我热爱生命,但如果知道自己仅剩三小时的生命,这不会对我产生多大的影响。只会思考如何更有效地利用剩下的时间。然后,我就会收拾好书卷静静地躺下,死去。

伟大的哲人、科学家爱因斯坦所留下的这段名言,悄然在乔布斯的心中升起。

随手停放好自行车,他仰望着旧宫②高耸的钟塔,信步走近回廊前的大卫雕像。

米开朗琪罗——五百多年前文艺复兴时代最伟大的诗人、建筑师、雕刻家、画家之一,影响后世近三世纪艺术发展的巨擘,今日他所遗留的旷世巨作矗立眼前,诗人虽已埋葬在圣十字教堂长眠,但短暂的生命却在宇宙烙下永恒的美丽。

---

① 菲伦佐拉 Firenzuola。

② 旧宫 Palazzo Vecchio(又称:领主宫 Palazzo della Signoria),为城堡式建筑,外墙则是乡村风格的石板贴面。意大利统一后,曾为联合政府的临时办公室。

※※※

　　紫红彩霞笼罩着辽阔的大地，半露的熔熔的夕阳倒映在澄澈的亚诺河上，水天一色，连河岸两侧古朴的砖房都显得黯然。

　　晚风徐来，贝兹吹散的长发与乔布斯及肩的黑发交缠着，她甩动金发将它们拨弄到耳后。

　　"既然喜欢山城的悠闲，不如我们就搬到法国的乡间居住，别管那些恼人的事情。"贝兹侧身凝视着乔布斯提议道。

　　"我无法……"乔布斯避开贝兹热切的目光，"无法放弃。"

　　贝兹顿时了解了，他们可能终将属于两条平行线。

　　"我爱你，贝兹。"乔布斯拉住女友的手放在温热的胸膛上，她若电影明星般耀眼的容貌、灵动的气质深深地吸引他。

　　"先回饭店吧。我想休息，有些累了。"贝兹直接转身走开，乔布斯则紧跟在后。

　　从旧桥落日美景中回到饭店，沿路两人一前一后没有任何交谈，他们进到大厅正准备按电梯上楼时，前台人员匆匆跑来。

　　"请问是史蒂夫·保罗·乔布斯吗？"矮胖的男服务员略喘着气问。

　　"是的。"

　　"有封来自美国苹果电脑公司，苏珊小姐的电报。"服务员赶紧将手中的信封递上。

　　乔布斯面无表情地收下，眉头紧锁地问道："今天有没有来自侦探社的电话留言？"

　　"报告乔布斯先生，并没有。"

　　贝兹拉住乔布斯的衣角，眸底闪烁着泪光。

　　"上楼再说……"乔布斯轻拥着贝兹走进原木装饰的电梯内。

"前天才打电话到饭店催促你赶快回公司,今天又发来电报。"贝兹把头埋进乔布斯怀里闷声说道。

"我们再在意大利停留三天,然后你陪我到德国、瑞典、莫斯科。欧洲还有几场重要的商业合作会谈……"

"等等,史蒂夫。你为何留意侦探社的消息?"贝兹不安地打断乔布斯的话。

"我正在请人寻找亲生母亲。"

"那个抛弃……"话说一半,贝兹猛然捂住自己的嘴。

※※※

作为 Mac 团队的财务经理,尤其是与董事长史蒂夫朝夕相处的巴恩斯,自从上个月底董事及股东大会决议部门执掌人"变动"后,在公司无论走到哪都会有人向她抱怨。甚至办公桌上的分机每隔半小时就有一通来自同事关心的电话。

"加西拿掉了大 Mac 计划,好不容易争取到的研发时机又白白的溜掉了……难道要将工作站市场拱手让人吗?"

"我们的海盗船长史蒂夫何时回国呢?我们这几人若再看不到他,真的觉得公司快待不下去、没希望了。"

……

巴恩斯叹口气,眼睛才瞄到桌上的电话,铃声就响了。

"是我。"

"史蒂夫!"巴恩斯差点叫了出来,棕色及肩的卷发随着她剧烈的动作与电话线缠绕住,逼得她歪着脖子说话。

"公司营运还好吗?我接到好几次苏珊的电话。"

"欧洲的 Mac 宣传、苏联的商业合作会谈应该很快就结束了,"巴恩斯轻轻吐了口气,"大家都希望你赶快回来。"

"已经不再是掌管Mac研发部门,连苹果二号都是加西在主持,我……"话没说完,乔布斯那头传来哽咽的声音。

电话另一端的抽泣,让巴恩斯不知所措,她默默地陪着乔布斯发泄悲伤的情绪,没多久她开口道:"杰伊副总裁四处向董事们游说,他认为斯卡利抽走你在Mac的决策权是错误的。"

"然后呢?"乔布斯的精神来了,立刻接着问。

"我只知道昨天杰伊被斯卡利找进总裁办公室,其他的就必须亲自问他了。"

巴恩斯沉默了一会儿,仿佛下定决心似的试探性问道:"史蒂夫,你何不再成立一家新公司呢?"

结束越洋通话的乔布斯坐在饭店房间内,目光呆滞地望着窗外修剪整齐的绿色藤蔓。

房间内只剩他一人,前几天贝兹跟他大吵后便自己搭机返回美国。

乔布斯闭目陷入沉思,他已经忘记是什么导火线让贝兹负气离开,满脑子都盘绕着几个字——何不再成立一家公司呢?

※※※

卡梅尔山谷的秋季来得特别早,满山翠绿的树林已慢慢褪成干枯的红黄。

乙川禅师领着一群年轻弟子行禅,缓步在毫无遮蔽的空地里,学习感受身体每一寸肌肉的运行。

秋阳如虎,热辣的阳光直直地照在行禅者的脸上,多数的人已无法忍受高温出现不耐烦的表情,甚至加快步伐。

乙川禅师挥手招来一位年长的比丘,请他继续带领这十几位弟子。

"史蒂夫,你跟我来。"乙川禅师回头声若洪钟地说道。

沙沙地踩过布满干枯落叶、高高低低的石阶,乔布斯被余热蒸得频频拭汗,直到被隐藏在密林后的瀑流摄去心神。

哗啦啦——哗啦啦——哗——

冰凉氤氲的水汽在溪面蔓延,林叶被浸润得鲜嫩欲滴,如初春刚冒的新芽。

"行禅,史蒂夫。"乙川禅师敛去原本慈祥的笑容,严肃地指着前方直径三米的大石头,"随意行走或是绕着它走。"

一圈、两圈、三圈……

乔布斯在心中默数绕行的圈数。

"停!"乙川禅师大喝一声,"你怎么越走越快。"

"目的不是在绕圈行禅吗?"乔布斯被吓了一跳。

"禅,浸在当下,当你有目的就超出范围。"

"我……"乔布斯一时竟然语塞。

"是你自己在驱赶自己。"乙川禅师直接盘腿坐在旁边的大石上,"这一年多担任苹果公司特别顾问时,我看到了你的躁动,虽然你时常抚平它。"

"身心统一,心处在——"乙川禅师指了指自己的胸口,继续说道,"当你的心完美了,世界也跟着完美。你还有很长的禅修之路要走。"

乔布斯起伏的心绪慢慢平稳,轻轻垂下眼帘专注此刻的行禅——不带任何目的。

※※※

　　一九八五年九月的各大电视台及平面媒体，被苹果电脑公司高层内的斗争占去了绝大多数的版面。

　　当月十二日，苹果电脑公司召开股东大会。

　　"我想了很久，应该好好过我的人生，毕竟我才三十岁。"乔布斯在会议的最后发表了长达一小时的发言后，拿出预先准备的纸条继续说道，"日后我将成立一家新公司，专攻教育市场并致力于出产高效能电脑。"他停顿数十秒后，深深地吸口气。

　　"在此我正式宣布辞去苹果电脑公司董事长的职位。"

　　语声刚落，当场震惊所有的董事及经营高层，虽然之前已有传闻，然而那些年长乔布斯十几岁的经理人都以为，他只是发发牢骚而已……

　　　　苹果电脑公司的董事坎贝尔表示：乔布斯的作为令他们非常震惊，所以公司计划裁撤乔布斯董事长一职。

　　　　前总裁暨资深董事马库拉发出声明：乔布斯带走苹果的关键员工，违反了对公司的承诺。我们正评估将采取什么样的行动。

　　　　一位不愿具名的总监则说：这辈子合作过许多企业，没见过如此愤怒的一群经理人。我们每个人都认为乔布斯欺骗了我们。

　　　　　　　　　　　　　　　　　　——《华尔街日报》

　　几日后乔布斯不甘示弱地在《新闻周刊》公开他的辞职信。

亲爱的马库拉：

今天的报纸指出，苹果计划撤掉我的董事长一职。我不知消息从何而来，但这一切对大众来说全是谎言，在最近一次董事会中，我已宣布自己将成立一家新公司，并同时宣布辞去董事长的职位。

董事会不愿接受辞呈，希望我考虑一周再决定，甚至还宣称苹果将可能投资我的新公司。

我仍希望苹果公司内部的声音平和一些。某些员工怕我将母公司开发的技术用在我的新公司里，这种担忧……

正如您所知道的，近期的公司改组让我失去工作，也无法获知管理层面的报告。我现在不过三十岁，还想做出更多的贡献和建设。

看在过去我们曾经共同披荆斩棘、开创事业版图的份上，希望我们能够以将互尊重、友好的方式道别。

诚挚的祝福您！

乔布斯上

※※※

硅谷[①]向北一小时车程，位于马林郡的卢卡斯影业总部，这两年特别不平静。

一九七七年开始，星球大战系列电影在美国甚至全世界刮起

---

① 硅谷 Silicon Valley，为高科技事业云集的美国加州圣塔克拉拉谷（Santa Clara Valley）的别称，位于加利福尼亚州北部、旧金山湾区南部。主要为圣塔克拉拉郡（Santa Clara County）的帕洛奥图市（Palo Alto）到圣何塞市（San Jose）一段长二十五英里的谷地。

一阵旋风、令人目眩的打斗、沙漠中离地航行的飞船、星河宇宙间翱翔奔驰的太空舰队、拥有超人力量的绝地武士，还有率直可爱的 R2、D2 机器人都是在卢卡斯影业总部孕育而出的。但主事者乔治·卢卡斯导演，却因一九八三年离婚官司所需支付的高额赡养费，不得不将旗下的皮克斯影像电脑①部门出售。

"你说通用汽车与荷兰飞利浦电子工程集团取消下周五的签约！"坐在电脑前准备键入资料的埃德·卡特穆尔，突然像泄了气的皮球。

"好，我知道了。"埃德向跟他报告的会计人员挥手示意离开，他翻开一旁的皮制笔记本，将编号第 23 的买家名称划掉。

咚，咚，咚。

一阵急促的敲门声未落，穿夏威夷花衬衫的身影便闯了进来。

"埃德，《顽皮跳跳灯》的分镜草图已经绘制好了。"闯入的男人满脸灿烂的笑容，若不是壮硕的外形、金黄微秃的头发，还以为他是从童话故事里钻出的人物。

"拉塞特②。"埃德望着刚加入团队不到两年的前迪士尼动画师，"我们的买家又反悔了！如果部门再没有五百万的资金挹入、卢卡斯老板拿不到一千五百万美元现金……真不知道他还会派谁

---

① 皮克斯 Pixar，由埃德·卡特穆尔的两位同事所命名。Pixer 为捏造的西班牙动词，意思是"制作动画"，Radar"雷射"有高科技的质感。两个词融合一起，Pixer + Radar = Pixar（皮克斯）。皮克斯影像电脑：1979 年由卢卡斯的电脑事业部门中的制图团队（包含工程师）花了四年的时间研发设计出，具有扫描影片的解析和处理能力，能够结合特效影像与真实拍摄的镜头，并能把成品记录到胶片上。

② 约翰·拉塞特 John Lasseter。

来指导这个部门，或许我们可能随时会关门。"

"半年多前艾伦·凯不是介绍过苹果电脑的董事长来参观？我记得他当时兴趣浓厚。"

"你说史蒂夫·乔布斯？你没看到这阵子的新闻吗？他正陷入风暴中啊。但愿主赐福予他。"

埃德脑海中突然浮现今年五月的某一天，乔布斯再次来卢卡斯影业参观硬件实验室的情景。

皮克斯影像电脑能做到什么市面上其他机器做不到的事？什么人会使用它？你们有什么长远计划？

他咄咄逼人的言辞及肆无忌惮的态度，让埃德惊讶不已，乔布斯不但打算取代埃德管理公司，还认为埃德觉得这是一个好主意。当时参与会谈的动画部门高层发现，乔布斯所提出的新公司结构图中的目标并非建立动画公司，而是建立新一代的家用电脑公司。

所以他们婉拒了。

※※※

旧金山帕洛奥图。

"新公司所设计的电脑商标，将会是立体的。"乔布斯看着路旁青绿黄红交参的行道树，手插裤袋悠闲地漫步说道。

"那好，我就将商标设计成视角倾斜二十八度的正立方体。"白发苍苍却又神采刚毅的老人点头道。

"兰德先生，我一直很喜欢既简单又完美的形状。"乔布斯异常恭敬地对着一旁与他一起散步的老人说。

兰德没有立刻接上他的话，眼光飘向远处似乎陷入某种沉思中。

"是否可以想出几种让我选择呢？"乔布斯问到。

"我一次只给客户一个提案。"兰德蓝色的眼瞳直视着乔布斯，"我负责解决问题，你负责付钱。无论你是否采用我的设计，都必须付费。记住，我只给客户一个提案。"兰德末尾特别加重语气说道。七十一岁高龄的他为当代平面设计的翘楚，知名的公司如IBM、西屋、美国广播公司、联合包裹服务公司等的商标都是他的手笔。

即便是他与IBM有合约关系，不能为另一家电脑公司设计商标，乔布斯仍用紧紧相逼的态度让IBM的高层主管屈服答应了。连续死缠烂打地联系IBM的总裁及副董——里佐，让他们知道若不同意兰德为乔布斯的新公司设计商标，他绝不罢休。这点让兰德相当欣赏。

"你说新公司的名字是？"兰德问。

"NeXT。"乔布斯眯眼微笑再说了一次。

数日后，因苹果电脑公司的总裁斯卡利与前任董事长乔布斯无法达成协议，斯卡利与董事会决定以"违反受任人义务"，对他提出诉讼。

乔布斯在担任苹果董事长并主管期间，对苹果应尽受任人义务，却假称忠于苹果的利益并

（1）暗中计划成立一家新公司与苹果竞争；

(2) 暗中利用苹果的计划、设计、发展、销售下一代的电脑产品；

(3) 暗中劝诱苹果的核心员工……

同时，乔布斯开始抛售手中占公司总股本的百分之十一、市值超过一亿美元的六百五十万股苹果股票，五个月后几乎全数卖光。

只——保留一股。

※※※

2. 皮克斯

　　七彩透明的酒瓶，罗列在整面特制的胡桃木橱窗内，散发幽微的光芒；地中海式的装潢、扎实的木质地板、光线色泽温暖又明亮的埃维亚餐厅①，是乔布斯餐叙时经常光顾的地方，因为这里不只提供各式的地中海、希腊餐点，还有精致的素食可供选择。

　　"这位是诺贝尔化学奖得主伯格②先生，先前我刚从欧洲回来时，就已与他碰过面聊过关于生物实验模拟。"难得西装革履的乔布斯，慎重地向五位刚从苹果离职，准备进入新筹组的NeXT③电脑公司的核心要员介绍道。

　　"尤其是基因剪接和重组 DNA 的进展，上次史蒂夫跟我提过用电脑模拟实验，可以让过程变快，但是目前具备这种功能的电脑太过昂贵，不是大学实验室可以负担的。"伯格紧接着说道。他的声音带点纽约腔特殊尾音，端正的眉眼、抿直的薄唇流露着亲切又刚毅的气质。

---

　　① 埃维亚餐厅 Evvia，位于加利福尼亚州帕洛奥多市艾默生街道 420 号。
　　② 保罗·伯格 Paul Berg，美国生物化学家，1980 年因为有关核酸（基因，重组 DNA）的研究贡献，与沃特·吉尔伯特以及弗雷·德里克·桑格共同获得诺贝尔化学奖。
　　③ 兰德设计 NeXT 商标，e 为小写的意涵为：education（教育）、excellence（卓越）以及 $e = mc^2$。

"就是工作站电脑，比一般个人电脑具有更强大的运算能力，我们之前曾计划利用Unix作业系统，加上Mac友善的界面……"留着大胡子的佩吉原是大Mac芯片组的工程师，因为被继任主管拿掉专案，气愤沮丧之际也跟着乔布斯"叛离"苹果。

"卢因，斯坦福大学是你曾经接洽的采购业务范围，我记得其他各大专院校的研究单位，似乎也有相同问题。"乔布斯转头问身旁熟悉教育机构行销的卢因。

"是的。"卢因简扼回道，有如《超人前传》中主角雕像般英俊的面容，露出腼腆笑容。

他们就大学实验室的各种需求，讨论着将来制作的NeXT电脑所必备的效能，伯格则是脸上挂着浅笑，不发一言地听着眼前六位年轻人眉飞色舞的预测。

"在设备预算上，你觉得多少是大学较能负担的？"乔布斯突然对一旁的伯格教授抛出问题。

伯格教授低头沉思，没多久抬头谨慎回道："两千五百至三千美元之间。"

"好。"乔布斯弹了一个响指，"将来NeXT工作站电脑就以定价不超过三千美金为目标。"

在场唯一的女士，也是将来负责新公司财务的巴恩斯突然打了个寒战。

※※※

一九八五年的秋天，科技界的新闻持续霸占着媒体版面。

面对苹果电脑公司所采取的一连串法律行动，乔布斯不甘示弱地接连接受媒体采访并反驳。

我是自己的唯一拥有者。

NeXT公司将不会使用任何苹果合法拥有的技术，我们甚至希望将这点白纸黑字地写下……

没有什么可以阻挡苹果跟我们的竞争……

一家拥有四千三百名员工、二十亿美元资产的公司，居然会对六位穿牛仔裤的年轻人感到威胁，这不是很奇怪的想法吗？

乔布斯发布辞职声明后，隔天又在自家门前的草坪上接受电视节目专访。

早晨八点的阳光正好，他站在草坪上，用戏剧化的声调对记者说道：

如果在苹果，电脑变得像其他物品一样平凡，浪漫消失了，人们忘了电脑是人类所创造的最不可思议的发明，那么，我将觉得自己失去了苹果。

相反的，即使我到了百万公里外的地方，人们仍感受到这些东西的威力，那么我将觉得基因仍在那儿。

乔布斯马不停蹄地面对媒体，用严厉、反讽、感性的态度叙说他对苹果公司的怨怼及爱恋。他告诉周遭的亲友，任用斯卡利是他这辈子最大的错误……

洛斯阿尔托斯市，克莱斯特大街二零六六号。

保罗·乔布斯弯腰拿起草坪上的报纸，皱眉看着头版新闻。

唯一的儿子功成名就后，他仍然住在老房子与妻子简朴度日。乔布斯四年前帮父母还清房屋贷款后，曾提议购买间较大的宅邸，但习惯简单生活的他们宁可安然地继续居住在这充满回忆的小社区。

屋内又传来阵阵剧烈的咳嗽声，保罗连忙加快脚步进屋。

"史蒂夫来了吗？"克拉拉半撑起消瘦的身子，捂住嘴又咳了几声。多年的烟瘾让她的肺部变得脆弱，去年一场凶猛的感冒让她整整躺卧病床半年，同时也检查出……

"帕蒂呢？"克拉拉声音越来越微弱，微睁混浊迷离的眼。

叮咚——叮咚——

保罗还没站起来开门，乔布斯就带着家庭医师、妹妹帕蒂进来了。

"妈，我们来陪你喽！"乔布斯平实的嗓音刻意拉高，医生及其他人都戴上口罩，只有他坚持与母亲毫无遮掩地面对面。

家庭医师按照惯例诊疗完，眉头深锁地向保罗交代后续照料的问题，留下处方签很快地离开。

"爸，我想跟妈单独说说话。"乔布斯低声向保罗说道。

保罗点点头，将半敞的窗户推开，推着帕蒂的肩膀走出房间，他们都知道时日无多了……

乔布斯刻意忽视妹妹眼眶中的泪，坐在母亲床沿跟她分享生活中的趣事，当然绝口不提公司发生的巨变，只告诉她最近要收购一家很酷的电脑动画制图部门。

"你最爱看的《星球大战》电影里很多画面，都是他们绘制的!"乔布斯轻柔地用温毛巾擦拭母亲湿黏的耳后肌肤,语气微带兴奋地说。

"很好,很好。"克拉拉微笑地点头。

"妈,我可以问你一个问题吗?"乔布斯欲言又止,像一个青春期的男孩半红着脸,"你和爸爸结婚时,还是处女吗?"

克拉拉勉强挤出一丝笑容,她伸出手摸摸乔布斯满是胡楂的脸庞。

"在跟你爸结婚前,我已经结过婚了。"她吃力地喘息又呛咳几声,乔布斯连忙拍抚母亲的背,她继续说道,"但是那任丈夫在前线战死……"

克拉拉还说了些当初收养乔布斯的细节,乔布斯牢牢握住母亲的手仔细听着。

三个多月后,克拉拉·哈戈皮安·乔布斯,肺癌末期——病逝。

※※※

一九八六年一月。

经过几次会商,卢卡斯影业的财务长、几位内部高层、皮克斯影像电脑部门经理埃德·卡特穆尔,在乔治·卢卡斯导演决定降低出售价格,以及准备收购的 NeXT 公司老板乔布斯不再坚持掌管皮克斯后,终于确定签约日期。

收购的方式相当复杂,埃德与乔布斯的律师汇整确认多份文件,耗去不少时日。

"据说大导演当初开价一千五百万。"乔布斯的律师问道。

埃德不置可否地耸了下肩。

"那么史蒂夫也真有耐心等他自动降价到五百万美金。"乔布斯的律师咧开嘴笑道,"如果我的客户买了你们公司,你们最好要有心理准备搭上乔布斯的云霄飞车啊!"

二月一个星期一的上午,迟到的卢卡斯影业财务长严重低估了乔布斯的能耐,他自认最后出席即是树立权威的起点——让所有人空等他一人。但,他失算了。

十点整的会议,乔布斯环顾四周发现负责谈判的财务长未抵达,便在埃德、史密斯①、双方律师、投资银行代表的面前直接宣布会议开始。

乔布斯完全无视卢卡斯财务长的在场与否,毫不客气地掌控议程,十点半才抵达的财务长已完全失去谈判的有利点。

在冗长的股权分配、生产经营、财务税收、资产、负债整理及人事安排……汇聚全力的磋商后,所有交易终于在傍晚完成。

"请每位与会者在这几份文件的正副本上签名。"乔布斯的律师哑着嗓子宣布。

除了沙沙的签名声,偌大的会议室显得安静异常,因为每个人都已精疲力竭。

窗外半露的斜阳照进来,将人影拉得老长。

其他人很快地离开,只剩乔布斯和皮克斯的成员。

乔布斯站起来,整平微皱的衬衫,将埃德、史密斯拉到一旁。

---

① 阿尔维·雷·史密斯 Alvy Ray Smith。

"无论发生什么事,"乔布斯敛下眉眼,双手环绕着他们"我们都要忠于对方。"他加深手臂的力道,低头一字一句沉声说着,仿佛压抑内心极大的情感。

埃德甚至感觉到乔布斯微微地颤抖。

半年多来,乔布斯承受着各种的压力与打击,纵然苹果带给他巨大的名声及财富,但他一手创办细心呵护的苹果电脑公司却抛弃了他。公司高层决议剥夺他最根本的价值——实际创新研发行销的掌控权;在他宣布辞职成立 NeXT 新公司的同时,又控告他违背受任人义务,这无疑让乔布斯腹背受敌疲惫不堪。

十多年的禅修体悟,他明白生命生活的个中道理,但养母的病逝,仍加深了他心底难以磨灭的伤……

※※※

山谷回荡着各种不知名的鸟的鸣叫声,时远时近。

塔萨加拉禅宗中心里的僧侣们,正专心诵念着眼前经文。黎明的阳光穿越菱花窗棂,狭长的光辉洒落在内心安住于千百年智慧精华里的藏青色身影上,时空仿若凝结在某种安详与静谧中。

乙川禅师领着几位徒弟,从侧门绕过僧侣诵经的中堂,拉开纸门。榻榻米特有的草木香钻入众人鼻腔。

榻榻米上早已摆放了几张书法用的宣纸,跟在最后的乔布斯忍不住多看了几眼。

"仪式只是帮助你定心的形态。"乙川禅师跪坐在三十厘米长、六十厘米宽的宣纸前,拿起沾满墨汁的狼毫,一笔一画缓慢地带着劲道运笔。

乔布斯垂手双掌交叠,静静站着与其他禅行者定心观看乙川禅师的挥毫，只见禅师在白净柔软的纸张上写出横竖的笔画，不懂汉字的他感觉像方块。

"误，"乙川禅师捺下最后一笔解说道，"这是汉字中的误字。我们人都在自我设限的框架中陷入错误，也在陷入错误时反复地羁绊自己。"

乙川禅师向旁人低声吩咐几句，不一会儿每个人面前都有了份书写用具。乔布斯捧着柔中带细的宣纸及毛笔时，心里不禁漫上异样的感觉。

"静心专注能去除内心涌现的不安。"禅师一边指导徒弟书写，一边说道，"我们说'去除'其实只是回到初始原貌……"

"哎呀！"角落有人不留神将墨汁打翻，柔白的宣纸瞬间泼上一大片墨。

被打断讲话的乙川禅师祥和黝黑的脸上依然平静，他上前帮惊魂未定的徒弟换上新的宣纸。

"乙川禅师。"乔布斯忍不住放下沾满墨汁的毛笔出声发问，"单纯在纸上写字，就是能去除烦恼的仪式吗？"

"不是。"乙川禅师摇头。

所有人都停笔惊诧地看着禅师。

"当你执着于仪式时，又陷入框架与烦恼了。"乙川禅师盘腿坐下，严肃地说道，"我们应该忘掉它，无所执着。没有过去未来，心才能安然专注于当下。"

※※※

一九八七年六月，华盛顿，哥伦比亚特区。

傍晚时分，万豪国际酒店大门前豪车云集，一辆接着一辆。

周遭街区长达两小时的交通管制，隐约透露出与会贵宾的不凡。

各家媒体记者，早已在饭店大门附近布局好最佳采访位置。

挑高气派奢华的宴会厅高悬着奥地利水晶吊灯，大红色高雅的地毯掩去众人的足音，使人保有最优雅的姿态社交周旋。

交响乐团忽地将莫扎特轻快的乐曲，转为舒伯特优柔的小调旋律。

"各位先生女士，感谢光临《华盛顿邮报》创办人凯瑟琳·格雷厄姆的七十岁寿宴……"前方穿着黑色削肩合身礼服的女主持人，用性感高昂的嗓音介绍今日的晚宴，不一会儿现场响起热烈的掌声。

乔布斯帅气英俊的外表，早已是众人目光追逐的焦点。虽然一年多前与苹果电脑公司间的纷争，让他的光环黯然不少，但是随着 NeXT 公司的广泛征才、内部公关积极布局牵线，甚至开放媒体进驻拍摄采访，这位过去科技界的金童仿佛又回到巨星的地位。

"埃克斯，IBM。" IBM 总裁埃克斯走向乔布斯，很自然地伸手递上名片向他自我介绍道。

乔布斯露出一贯灿烂迷人的笑容，握住埃克斯跟他同样的细长大手。

"NeXT 电脑的史蒂夫。"

侍者送来两杯红酒，两人接过后举杯示意轻啜几口。

乔布斯灰黑的阿玛尼西装与黑色领结，衬出科技新贵的年轻气势；比乔布斯稍年长几岁的埃克斯平整的金发配上一身古奇时尚蓝西装、丝质黑领带，颇有 IBM 半世纪科技领航的老大哥风范。

寒暄后，乔布斯便主动切入正题。

"微软 Windows 系统 2.0 版，一般使用者操作的便捷性，不太稳定是吧？"乔布斯将空杯放到托盘，顺手换了果汁。

"哈哈哈……就知道这个在电脑界不是什么新消息了，稳定度的确有待加强，但是比尔也有持续修改升级软件的运作。"埃克斯宽长刚毅的脸堆满笑容，他将杯中的红酒一饮而尽。

比尔……

乔布斯一边大口喝果汁，一边沿着杯缘打量对方并思忖下一步。

忽然周遭增加了不少面容严肃的特勤人员。

场内的音乐旋即巧妙转换成华丽的圆舞曲，同时台上主持人拉高嗓音介绍。下一秒如雷掌声响起，甫进入会场的里根总统含笑点头向与会贵宾招呼示意。

"埃克斯，你们 IBM 愿意迁就如此不稳定的系统，单任由他们操控你们的软件？"乔布斯原本平实的嗓音变得稍尖，将 IBM 总裁的注意力一下子吸引回来，他继续说道，"我觉得微软的东西并不怎样，你们如此依赖微软，等于是一场豪赌。"

埃克斯转过身面对着乔布斯笑道："这样的话，你们愿意来帮我们吗？"

"当然。"乔布斯立刻回道，深棕色的眼眸中闪着一抹狭促的光芒。

半个月后，乔布斯带领软件工程师特里布尔，出现在 IBM 纽约州阿蒙克总部。当他们展示耗时十六个月夜以继日研发的 NeXT 物件导向作业系统 NeXTSTEP，在场的 IBM 工程师眼睛莫不为之一亮。

※※※

"埃德，他们认为价格过高，无法进一步洽谈签约。"走进皮克斯电脑总裁办公室的秘书战战兢兢地说道，这已经是第四次业务会商失败的汇报。

"唉。"埃德烦躁地抓了一下头发，"荷兰飞利浦的营销网络合约商洽的进度，罗柏传真回来了吗？"

"回来了。"秘书迅速挥手示意助理将文件档案送来。

售价高达十三万五千美金的皮克斯影像电脑，虽然有领先于业界的 3D 影像处理技术，然而昂贵的价格再加上必须连接一部三万五千美金的高级升阳工作站，不少医疗机构纵使震惊于皮克斯电脑处理 X 光图的效果，也在最后签约关头裹足不前。

荷兰营销网络的业务扩展是乔布斯的命令。

成立销售大军向医学界进攻，贩售皮克斯影像电脑……

埃德平直服帖的金发似乎变得稀疏了。

达拉斯的电脑动画年会，当《顽皮跳跳灯》的动画播放完毕，现场观众震耳欲聋的欢呼惊叹声，一直在乔布斯的脑海不断地萦绕着。

买下皮克斯影像电脑部门半年，拉塞特领着乔布斯参加了动画年会。之后又过了十三个月……

乔布斯盯着手中会计送来的财务报表，不禁深吸了一口气。

皮克斯软硬件部门共计一百一十多名员工，当初收购及投资已花去一千万美金，这两年光是人力成本、研发费用又耗去近百万……业务回报的消息却惨不忍睹，几乎是毫无进展。明明是世界一流的图像技术，为何在医疗产业研究机构回应如此冷淡？

他在办公室来回踱步、咬着指甲低头思索，皮鞋在木地板上不断发出嗒嗒的声响。

※ ※ ※

加州，帕洛奥图。

"我们必须顺应客户的期待，不能轻率地认定他们愿意为了拥有最新技术而花更多的钱。"一名NeXT电脑硬件部门顾问在双周定期会议上强烈地呼吁道。

"日本佳能公司的技术是业界顶尖。"斜靠在前方白板前的乔布斯单手插在牛仔裤的口袋，"一个光盘可以写入256MB的档案，比现在市面上所有的电脑硬盘都来的大。"乔布斯转身在白板写下几个字：

软件、硬件、前卫、科技。

"我们一定要在NeXT电脑上加装光盘读写机，这样所有购买我们工作站电脑的企业用户，可以更完美甚至是超乎预期地执行所有任务，无论是大学研究室的生物模拟实验、庞杂的资料统合分析、商务数据分流，都能节省更多时间……"乔布斯滔滔不绝地说着。

有位职员举手打断乔布斯的话："我们是否要等到日本佳能

的光盘机技术成熟，再来推出这样的产品，这样会比较安全，这是市场端的现实考量。"

"不不不不不，"乔布斯一连说了五个不字，他目光如炬地望着底下十七位高层主管及工程师，"我们岂能放弃先占市场的大好时机，这个光盘机可储存的资料是标准硬盘的两百倍，而且还能外接。"边说着话，又在白板上写：

资料可携。

"也就是说，可将所有的个人资料用光盘机储存，如果换电脑只要将光盘机接上新电脑即可，因此重要资料都能随身携带。"乔布斯的嘴角拉出漂亮的弧度。

在场的职员瞬间都被乔布斯的论点说服，没有人再提出反驳。乔布斯很快又针对市场分布取向，在白板上书写市场消费端的各类客户层……在场开放跟拍的随行平面媒体记者，不断用相机捕捉这群新兴电脑公司成员的各种面貌，当然这是在苹果电脑公司不可能出现的景象。

罗斯·佩罗[1]盯着电视里正在播映的美国公共电视制作的纪录片《创业者》[2]，手不停歇地在随身笔记本上摘写重点，节目结束后他兀自坐在沙发中沉思。

---

[1] 罗斯·佩罗 Ross Perot，得克萨斯州著名的富商，电子数据系统（Electronic Data Systems）公司创办人。

[2] 《创业者》The Entrepreneurs。

"用尽各种方法，让我跟 NeXT 创办人史蒂夫·保罗·乔布斯取得联系。"他按下内线，低声交代外面的秘书。

※※※

早在与 IBM 的总裁埃克斯会面前，一九八六年底 NeXT 的财务已被逼上崖顶等着崩落，乔布斯对事物的极尽苛求在工程师及高层主管眼里简直是不可理喻，财务长巴恩斯曾为了 NeXT 生产工厂的先进设备、场内颜色搭配以及大手笔的装潢办公大楼、打掉原本的砖墙重新装设玻璃墙等决策，在众人前对乔布斯苦口婆心地劝诫。然而面对节节攀高的大额支出，乔布斯眼中似乎只有将东西做到完美极致才是重要的，毫不在乎所耗费金钱多寡。

财务危机迟早会降临。

一九八五年底公司刚成立之时，乔布斯的第一次度假会议宣布十八个月后出货，而直至今日仍在"只闻楼梯响，不见人下楼"的窘境。

"史蒂夫，有位电子公司的总裁佩罗，在线上。"乔布斯办公室的助理切过电话。

"他是？"乔布斯印象中并不认识这位，但仍将电话接起。

"乔布斯先生您好，我是佩罗，电子数据系统公司创办人，当然现在早已退休。"佩罗在电话中笑道。

"佩罗！"乔布斯也跟着笑了出来，"很高兴认识你。"

"我就不多说其他的。"佩罗低哑厚实的嗓音停顿了一会儿，"昨天我在电视上看到 NeXT 公司的特别报道……若需要资金随时联系我。"他简洁地告知乔布斯目的。

"好的，若有需要会联系你。"乔布斯语气没有太多的兴奋，淡淡地回复道。

放下电话，乔布斯望向玻璃墙外大厅里来来往往的职员，嘴角漾出一丝笑容。

"史蒂夫。"会计人员不待乔布斯回过神，很快地敲门进来，"这是艾斯林格设计公司、工厂设备油漆工程、电脑机壳模具公司的报价单及请款明细……"

乔布斯挠了挠鬓颊仔细看着单据上的数字，疾笔签下漂亮的草写姓名。

艾斯林格的青蛙设计公司，是过去乔布斯在苹果时期从巴伐利亚牵引交涉来的工业设计团队。为避免 NeXT 在与其他公司商业合作时间接窃取苹果内部的机密，苹果高层断然拒绝同意艾斯林格为 NeXT 设计产品，直至一九八七年初苹果高层意识到若继续在法律层面与乔布斯纠缠不清将有损公司形象。毕竟乔布斯仍是媒体圈的宠儿。苹果总裁斯卡利与乔布斯签下庭外和解书，NeXT 也同意在市场方面的以及不得与 Mac 的作业系统等相容限制。

巴恩斯抱着一叠财务往来资料在门外等候多时，直到其他职员先后离开。

"七十万兰德大师商标设计费、六十五万订制专用模具，再加上十五万特制的打磨机，"巴恩斯瘦小不及乔布斯肩膀的身躯，将手中几乎半人高的文件一股脑儿地丢在办公桌上，"每个月固定支出九十五名员工的薪水、办公室及全自动厂房租金，还有艾斯林格尚未报价的高额设计费……史蒂夫，你告诉我该如何平衡开支？按照这样下去，一千五百万的资金十八个月后就会烧完。你……"巴恩斯双手扶住桌子大大地喘了口气，她清澈的蓝色眼睛直直地盯着乔布斯。

"巴恩斯,你只要先做好财务长的工作,其他的事情暂由我来操心。"乔布斯慢条斯理地说。

"史蒂夫,史蒂夫——"巴恩斯的语气越来越急,"我跟特里布尔、卢因、佩奇、苏珊,已经劝你多少次,产品都还没正式开发上市……"

"够了!巴恩斯。"乔布斯大吼了一声,"资金的来源是我的事情,公司钱不够我会从私人户头拨款进去,制造品质没有达到要求的烂货是绝对不可能到市面发售流通的。"

※※※

一九八八年十月十二日,旧金山达维斯交响音乐厅①。

三十几位工作人员在凌晨就已进驻。讲稿都已修改五十多次的乔布斯不放过任何一个细节。场地的灯光、音响、投影片与演讲时的搭配速度②依然无法达到他的标准,所以工作人员必须重新校正舞台灯光亮度,来配合乔布斯几小时前刚煞费苦心挑选到的完美绿色背景。

"这就是我最喜欢的绿色背景。"舞台上排练的乔布斯开心地对台下的员工喊道。

"这个绿色很棒,这个绿色很棒。"睡眠不足的工作小组人员不自觉地喃喃重复乔布斯的话。

五点,冬日晨阳未升,影像艺术公司、后现代剧场制作人先

---

① 达维斯交响音乐厅 Davies Symphony Hall。
② 当时的投影片无法设定播放时间,必须由人工操作。

后抵达会场,做最后第六次彩排。

中午,正式开场前两小时,音乐厅前早已大排长龙,现场人数依《纽约时报》记者预估至少超过三千人……

"回来的感觉,真好。"睽违四年重新站上舞台的乔布斯,黑色燕尾服、光滑服帖的短发,一开口便得到全场的大声喝彩,如同当红的摇滚巨星般,出场就撩起观众亢奋的情绪。

"每十年才会发生一两次的全新架构改变,为电脑产业带来新革命……我花了三年的时间,走遍全美各大学,终于打造出高等教育机构需要的软硬件。"乔布斯振臂挥舞着,"我们了解,他们需要的是可供个人使用的主机。而且这是不可思议的我们所能想象出的最完美产品。"

灯光稍暗,不一会儿乔布斯用手指撑起方形电路板。

"这是我一生看过最漂亮的印刷电路板……"舞台灯光忽然强烈聚焦在乔布斯的手上,"真希望你们有机会看看这部电脑的内部。"

乔布斯不着痕迹地放下电路板,掀开黑色天鹅绒布下的NeXT Cube 电脑——完美的立体方正荧屏、主机,利落直顺九十度的直角,墨黑金属机身泛着特有的光泽,台下观众响起一片掌声。

电脑开始发出平板的电子合成音并朗诵——马丁·路德·金博士演讲及肯尼迪总统的就职演说。

"这部电脑还可以传送附加声音档案的电子邮件。"乔布斯挑高右眉露出帅气迷人的微笑。

整场发布会乔布斯足足站在台上三小时,末尾一位小提琴家走上舞台,与 NeXT 电脑以二重奏的方式演出《A 小调小提琴协奏曲》。

轻快昂扬的音符交织成勾人心弦的旋律，最后以丝滑的颤音结束乐曲时，会场爆出热烈的掌声久久不能停歇。

隔天平面媒体无不用斗大的标题，报道这场电脑界的发布盛会。

"这场产品发布会与韦伯的经典音乐剧相比，毫不逊色，具备令人震慑的舞台演出和特效。"

——《纽约时报》

"这次的发布会，犹如电脑产业的梵蒂冈第二届大公会。"

——《芝加哥论坛报》

华盛顿州，微软总部大楼。

比尔·盖茨将身体埋进深褐色旋转椅，晶亮的蓝眼珠紧盯着电视播映 NeXT 产品发布的访谈报道。

"董事长，乔布斯先生又在线上……"敲门进来的女秘书话还没说完，就被比尔的手势制止。

"等等。"他的嘴角露出讳莫难测的笑容。

※※※

乙川禅师从出租车上下来时，外面的大雨停了。他拉起灰褐色的袈裟，不疾不徐地迈开大步。

"禅师。"几位 NeXT 的工程师走出大门，向禅师点头致意，他们都知道这位特别顾问。

气派的办公大楼位于加州红木城市中心，倾斜二十八度黑色立方体的 NeXT 标志矗立一侧。乙川禅师踏进门厅，透明如漂浮在中央的玻璃楼梯映入眼帘。

"乙川禅师。"前台总机小姐连忙上前招呼，"史蒂夫请您直接搭电梯到五楼，他在办公室等您。"

咚，咚，咚……

"禅师，我们直接上车吧！"乔布斯从透明楼梯上冲下来，还没等到乙川禅师回答便自顾自地走出去。

停在近处的银色敞篷奔驰车，车身上残存的雨渍反射着夕阳余晖。禅师坐进乔布斯的车内时，迪伦的吉他和弦声重重灌入耳里。

咔嗒。

乔布斯一脸歉然地将音乐暂停。

禅师将宽袖收拢好，黝黑的脸上长眉舒展没有任何不悦。

"地球素食餐厅在红木市有分店，听说他们的冰淇淋松饼很好吃。"乙川禅师噙着微笑开口道。

"禅师喜欢吃冰？"乔布斯单手握住方向盘，侧过头瞄了禅师一眼，觉得新奇有趣。

"哈哈哈，"乙川禅师大笑了几声，"我从小就喜欢吃冰，冰凉甜腻的口感令人着迷。"

"哈哈哈……"乔布斯也感受到轻松愉快的气氛不禁笑了出来。

车子在红灯前停下，两位行人牵着一群大型牧羊犬越过马路。

"史蒂夫，你觉得狗有佛性吗？"乙川禅师问道。

"狗应该没有开悟得见般若的能力，应该没有佛性。"乔布斯回道。

"错，狗有佛性。"禅师停顿了一下，指着路旁矗立的大型广告板继续问，"广告板有佛性吗？"

"没有。"乔布斯不假思索地回道。

"哈哈哈哈哈……"师徒两人不约而同地纵声大笑。

"每个人都要面对自己的关卡，就像奔流而下的河水遇到岩石树林的阻挡，不是选择穿过就是搬开它。专注面对问题时就是没有问题，离开眼前问题时也没有杂念存心，如同静心禅坐专注呼吸及内观知觉，抛下一切定见杂念返回初心，般若智慧油然而生。"乙川禅师说。

※※※

皮克斯影像电脑公司以惊人的速度陷入严重财务亏损——连续五年共烧掉乔布斯私人投资资金五千四百多万美元，每年还得赔上一百多万的研发经费及人力开销……

收购之初，乔布斯下令公司以贩卖硬件影像电脑为主，而埃德、拉塞特、史密斯几位掌事的高层主管，根本对于销售、行销、库存管理、业务等都毫无头绪，所有事情都是硬着头皮摸索。四年多来皮克斯影像电脑总共只贩售了——三百多台，比起同样亏损的 NeXT 公司于一九八八年底刚上市的新电脑一个月所售出四百台的数量还少。

皮克斯是由一群世界顶尖电脑科学家组成的团队。除了一位迪士尼前动画师，现任皮克斯的电脑界面设计师拉塞特之外，其他人皆拥有全美知名大学的电脑相关学科博士学位。

"授权迪士尼使用CAPS的权利金每个月有多少入账？"坐在办公桌后方的乔布斯皱眉问道。

旁边的会计人员很快汇报一个数字。

"埃德，难道你请那些业务人员整天只会混日子不工作吗？"乔布斯拿着报表用力敲打桌子，"派驻欧洲及国内的六十多个销售据点，四年多来销售不到四百台……"

"他们已经尽了最大的力量，史蒂夫。"每个月都必须来NeXT总部报告皮克斯营运状况的埃德显得相当疲惫，原本上周必须发放的薪资还未落实。因为公司连续赤字，亏损越来越大，乔布斯气到连薪资都不肯存入。

"砍掉半数销售人员，即刻生效。"乔布斯站起来双手环胸。

"不行，绝对不可以。"埃德双眼直视着乔布斯，"必须给他们两周时间。"

"好。"乔布斯将衬衫袖口解开并卷高露出精瘦手臂，"明天将绩效未达标准必须开除的业务人员名单传真给我，通知解雇的人事命令下达后，薪资立即拨款。"

"埃德，"乔布斯敛下平直的浓眉放缓语气，"世界最顶尖的绘图影像电脑拥有者就是我们，既然呕尽心力创造了它，就要让它释放最大的光热造福世人，医界、情报单位、气象卫星图的使用者都是我们潜在的客户。"他走过去拍拍埃德的肩膀。

"史蒂夫，我也很抱歉公司获利赶不上亏损的速度。"埃德知道裁员缩减支出是不得已的决定，毕竟公司现金不足，财务很早就捉襟见肘了。

门外传来敲门声，拉塞特走了进来。

"秘书告诉我会议刚结束。"约翰·拉塞特露出腼腆笑容，连续工作半个月的他昨天才刚完成三叉戟口香糖动画广告——让口香糖扭动身躯弹奏钢琴。利用电脑绘制的过程虽有点生涩辛苦，面容却未见任何疲态。

"约翰？"乔布斯带他们坐进隔壁的会议室，"你真是难得会出现在这里。"他将身体埋进从意大利订制的沙发内。

自从见识到《顽皮跳跳灯》首映时所造成的轰动、甚至是金像奖的提名，拉塞特的动画艺术天分让乔布斯另眼相待。

"我计划筹拍一部短片。"拉塞特将准备好的企划案递给乔布斯。

"小锡兵……"乔布斯翻看着企划内容及草图喃喃说道。

看来又是一笔不小的花费啊。

※※※

3. 苹果危机

加州，帕洛奥图中学。

九点，讲台上的历史老师对着底下六年级的学生点名。

"华特·艾利森、班恩·惠立、隆·文森……"老师将眼镜推高仔细看着底下举手的孩子，"这位是刚转来的学生——莉萨·布伦南·乔布斯。"四十几岁的韦斯老师特别停下来将名字反复看了几次，他摸摸所剩无几的头发。

"莉萨。"韦斯老师看着坐在前排眉目清秀的女孩问道，"你家有电脑[①]吗？"

莉萨没有回答只是静静地点头。

"有些作业安排需要电脑操作，你刚转学进来，老师需要调查方便同学分组。"韦斯老师坐到黑板旁的电脑桌前敲了几下键盘，主机发出嗡嗡的运转声，没一会儿便戛然停止。

"哎呀！连教室的电脑也坏了"韦斯老师转头向学生们说道，"你们先自读美国历史第二章。"

"没想到苹果公司五年前赠送的三十多台电脑都是差不多的故障。"韦斯老师对着显示器自语着。

"你……"老师眼睛对上莉萨清秀的五官及深褐色眼睛，"长得好像苹果公司年轻的创办人。"他惊呼道。

[①] 1991年，美国家庭电脑的普及率为百分之三十一。

这句话让原本安静的学生陷入了骚动。

中午用餐时间，几位教职员聚在一起闲聊。

"升阳公司电脑工作站还是比较顺畅好用吧！"从隔壁斯坦福大学赶来与中学老师讨论事务的研究生端着餐盘问道。

"那当然，绝大部分的研究团队还是以采买升阳公司的电脑为主，价格合理使用也方便。"另一位研究生附和。

"你们听说过 NeXT Cube 电脑吗？"有人问。

"那场产品发布会我去参加了，简直是疯狂啊！但是……"说话的人吞了下口水，"价格简直是高得离谱，超过一万美金的天价，升阳只要他们的一半不到。"

"其实也有几个研究单位准备购买，但却发现若购买 NeXT 电脑能应用的软件少之又少，虽然它能储存的硬件空间大得惊人。"

"NeXT 公司，我认为应该撑不了多久的。"韦斯老师凑过去说。

哐啷！

一个纤细的身影突然丢下餐盘奔了出去。

"那不是莉萨吗？"韦斯老师回头望着发出巨响的方向惊诧道。

※※※

伍德赛德，圣克鲁兹山[①]。

[①] 伍德赛德圣克鲁兹山 Santa Cruz mountains above Wood-side。

凉爽的山风吹来，挑高的梁柱毫无遮蔽，这里视野开阔，远目即是翠绿圆棱的山丘。

入秋薄雾环绕，静谧凉爽的氛围让位居高处的汤玛斯佛嘉堤酒庄每到周末便会吸引不少人前来小聚放松。

卢因端着酒杯啜饮了一口新鲜的啤酒，带着手表的左手不安地拍打桌面。

"泰瓦尼安，你还会想念微软的同事吗？"卢因在等待贾伯斯大驾光临酒庄之时，有一句没一句地与旁边伙伴们闲聊；泰瓦尼安是乔布斯千方百计从微软挖来的程序设计高手，由于NeXT的销售处在低迷，泰瓦尼安在办公桌前每天张贴更新微软的最新股价，悼念他离开微软的损失。

"哈哈哈……有什么好想念的，在那里又无法受到重用。"泰瓦尼安用笑声化解尴尬，微暴的门牙、椭圆的脸上散发着羞温厚的气息。

"史蒂夫打来了……"佩奇气喘吁吁地跑来，"他说……他说……"佩奇大口喘气随手拿起啤酒灌了几口，浓密的大胡子沾了一圈啤酒泡。

"他有重要的约会，要我们先对议题进行讨论，有问题下周一回公司再说。"佩奇说了一串话，棱角分明的宽脸有种奇特的神采。

"史蒂夫应该遇到他的真命天女了……"

※※※

离开苹果电脑公司的法国人加西，抱着装满私人物品的箱子面无表情快步地走进停车场。

五年前的那场"Mac 欢迎餐会"后,他顺利地接近乔布斯,也因而获知那个秘密……却没想到斯卡利后来真的剥夺乔布斯在苹果所有职权,他知道乔布斯对他始终恨之入骨。

不过商场上原本就是成王败寇的世界,乔布斯一天到晚想改变世界、震撼宇宙……有这种幼稚想法的人迟早被商场淘汰,"获利"才是真正的王道。

加西窄长的马脸忽然露出一抹微笑。

如今也被撵出苹果的他,完全不愁下一步该如何走。

掌握住科技界的重要技术知识及人脉,就能孵出金鸡蛋,不是吗?

皮克斯位于圣拉斐尔的办公大楼前停了几辆名贵的轿车。

前台总机接待还没拿起电话通知,大厅旁的电梯口就急匆匆跑出一个身影。

"请问是施奈德先生吗?"刚跑过来的电脑软件部工程师慌忙地梳理自己凌乱的短发问道。

"我是。"施奈德棕红色的头发在室外斜照进的阳光下闪闪发亮,他主动趋前向出来迎接的工程师握手,"这次有几位相关部门主管一起拜访。"

"今天埃德与拉塞特都在会议室等您。"工程师推了推滑落的眼镜,快步领着一行人走进电梯。

埃德背着手在会议室来回走动,直到史密斯将迪士尼的主管带进才坐下。

"施奈德……即使你带来我过去的同事,我依然拒绝你的提议。"坐在埃德隔壁的拉塞特沉着声音率先开口道。

"约翰！"另一位身着蓝色套装的女性主管亲切地唤着他的名字，"这已经是施奈德向我们第三次拜访了……"

拉塞特圆润和蔼的脸上没有任何不耐，他听完爱薇的劝说之词后转过头看向埃德。

"上一次拉塞特已经明确地告诉你们，他想要待在湾区①自在地工作，完全不考虑回迪士尼。"埃德盯着施奈德沉稳毫无变化的脸说道。

会议室一阵静默。

"除非你们迪士尼愿意与皮克斯一起制作电影，"拉塞特特别拉长了尾音，"我才有可能与你们合作。"他加重了后面两个字的语气。

拉塞特永远忘不了当初是如何被驱离迪士尼——仅在那场会议后的短短五分钟。

※※※

一九八九年年中，NeXT 电脑终于可以量产上市，预估每月能生产一万台如精美艺术品般的电脑。但建置美轮美奂的全自动工厂，实际的单月销售量却只有四百台，产能被严重空耗，公司现金大量蒸发。幸亏日本佳能公司宣布正式投资 NeXT 公司一亿美元，以及富商裴洛投入两千万美元，NeXT 才缓解了眼前因研发耗时又销售失利的困境……但微软迟迟不肯答应为 NeXT 撰写应用程式，让 NeXT 空有一身强健体魄却毫无施展之处……

"史蒂夫，这是 IBM 预先拟好的合约。"乔布斯的女助理在

---

① 皮克斯影像电脑动画公司位于旧金山湾区。

他会议空档独自待在办公室沉思时敲门走进,她抱着厚达三厘米约一百多页,装订成精美书册的合约,"IBM 的部门主管说……"

"太厚了,太啰唆!"乔布斯单手接过印有 IBM 特有蓝白条纹图案的合约,瞧也不瞧一眼直接丢入脚边的垃圾桶。

女助理吃惊地张开嘴,忘了接下来要说的话。

"到底在搞什么!"乔布斯皱眉信步离开办公室并叨念着。

"叫他们重新订立合约,简明扼要就好。"乔布斯转过身对着呆立在原地的女助理吩咐道,他比了三只指头语气非常不耐地说,"最好不要超过三页。"

"史蒂夫!"外头的泰瓦尼安似乎等候多时,"我这里有最新发展的 NeXTSTEP 软件相容研究进展,你赶快来一趟。"他像展示新战利品般兴奋,"噢,对了。我刚才帮忙接了通电话,皮克斯的埃德正在线上等你。"

"埃德……"乔布斯眉头紧蹙有些余怒未消,但随着电话一头滔滔不绝地报告,紧绷的整张脸渐渐放松。

"好,今晚你直接到我家来好好讨论吧!"他最后露出了迷人的微笑。

一周后乔布斯出现在加州迪士尼总部的行政大楼。

※※※

接连繁杂的事务缠身,乔布斯间隔了三个多月才开车上山到塔萨加拉禅宗中心。

"师父,为何这十多年的禅修过程中,都必须要从自己的眼、鼻、胸窝、肚脐观想?我曾经试过放松打坐完全不去观想,身体却有股闷乱停滞的感觉。"乔布斯在与其他禅修者一起打坐两小时后，开口问道。

其他禅修者也纷纷点头。

"禅，本是一种实证，你必须敞开心胸拥抱。"乙川禅师用另一种答案回复，他起身捻起一炷檀香点燃，在冬日傍晚余晖的照射下轻烟袅袅升起。

"我们都是用既有经验在定义这个世界，包括自己。肉眼看不到的不代表它不存在。人心容易散乱，禅坐就是在收拾我们散乱的心，而观想其实也是由意念来带动人身上看不见的气。"

"妄动的念头不断地流窜，一般未修习禅定的人容易追逐胡乱飘移的念头行事，这时就造了业。"乙川禅师突然噤住嘴，垂目盘坐一动也不动。

仍坐在蒲团上维持姿势等待禅师开示的禅修者，有的呆呆地看着禅师、有的左顾右盼地张望，也有的直接敛下眉眼调整气息。

乔布斯轻笑了一下，随即挺直脊梁双手叠握双腿盘起做跏趺坐。

不知不觉窗外天色完全暗了，墙上的时钟短针移动了一大格。

只见禅师深深地做了几个吐纳后睁开眼，开口问："这段时间，你们看见了自己多少个心念窜出？哈哈哈……"他看着几个空下来的座位，笑了出来。

"我并没有说下课啊！"

古朴的菱格木窗上的屋檐偶尔传来落叶的敲击声，深夜虫鸣交织着知更鸟的啁啾声。

当啷——

禅堂后方传来碗盘瓷器清脆的碰撞。

禅修中心只剩乔布斯与乙川禅师，其他禅修者早已离开。

"看来我的夫人有些烦躁。"乙川禅师看着厨房的方向，坚毅的嘴角仍噙着浅笑"史蒂夫时间不早了，下个月我会到 NeXT 进驻一周，在那之前请你让前台人员留意我的包里，有几箱书会先寄到公司。"

"禅师我还有问题要请教……"乔布斯仍不想离开禅宗中心。

"史蒂夫，你必须自净其意才能真正体会涌现于内心的智慧。"禅师说道。

"我不太明白。"

"记得十四年前闭关长达两个月的日子吗？如同弹琴前要调整琴弦，禅坐亦为调心；必先善调五事——调整饮食、调整身体、调合睡眠、调合气息及心神①。你已调整饮食二十多年，接下来就是保持气息及心神的调合。"禅师停顿了一会儿，继续说道，"注意，所有问题的答案不是向外求，而是……"乙川禅师的手指了指自己的胸口，"本自俱足的智慧。"

※※※

一九九〇年初，乔布斯接受《公司》杂志专访。

"我们必须成功向上提升到更高阶段，目前与我们差距最小

---

① 此为天台宗《修习止观坐禅法》。

的竞争者，其资本额为十七点五亿美元。这个世界不需另一个资本额十亿美元的公司，若我们想掺一脚……目标将是打造下一个资本额达数十亿的电脑公司。"

擅长操纵媒体的乔布斯，虽然在 NeXT 电脑新机的发布期间抢尽风头，然而硬件运算强大的 NeXT Cube 却没有稳定适当的应用软件作为搭配。先前授权 IBM 使用 NeXT STEP 作业系统虽可直接进账六千万签约金，并取得与微软并驾齐驱攻占作业系统市场的机会，但因乔布斯迟迟无法答应 IBM 退出硬件市场，以及对合约的种种挑剔，双方合作案宣告破裂。

记者前意气风发又帅气迷人的乔布斯，也抵挡不住市场传出失利的消息。

一九九〇年底结算，员工人数高达五百七十名的 NeXT 电脑公司，只进账两千八百万美元。

加州，红木市 NeXT 电脑总部。

白底蓝格子衬衫、磨白浅蓝色牛仔裤的乔布斯手持黑色签字笔在白板前振笔疾书，底下除了二十多名各部门主管，摄影团队也在。

"我们 NeXT 可以吸引到另一个新族群——寻找电脑的专业人士，因为他们要的是与工作站同样强大且易于操作的电脑。"

乔布斯眉飞色舞地阐述着个人电脑工作站的未来。

"今年估计这个族群市场约五万人，其中四万买了升阳电脑……根据研究显示，一九九二年有这块需求的将会是十万人，一九九三年时更会高达三十万……"乔布斯提高了声调，在白板上画了四个方块，"NeXT 将独占这块市场。"他大声宣布。

持续低迷的销售数字，显示市场对 NeXT 推出的电脑反应冷淡，身为七〇年代中期电脑小霸王的乔布斯，仍不断用各种方式提振团队士气……

※※※

优山美地国家公园大雪纷飞，纯白雪花覆盖四季常青的针叶林、挺拔参天的枝干凝着点点冰霜。

一九二〇年代用花岗岩建造的阿瓦尼饭店，有六尺高的宽阔大厅、原木雕饰的梁柱，还能从大片玻璃窗格眺望整片高山。

一批又一批的宾客涌入阿瓦尼饭店。

正值知命之年，精神饱满目光炯然的乙川禅师敛着笑容，望向眼前一对璧人，他拿着木槌用力敲响了钟声。

铿——铿——铿——

身穿灰黑斜襟缎面袈裟的乙川弘文禅师点燃檀香，随着袅袅升起的轻烟唱诵着《香赞》梵文，祝祷新人永结同心、百年好合。

"史蒂夫·保罗·乔布斯与劳伦·鲍威尔[①]，在佛陀的祝福下，我在此宣布你们成为夫妻。"

灿烂笑容在乔布斯俊俏的脸蛋漫开，他凝视眼前同样畅然大笑的劳伦。

他知道这是他今生的挚爱，个性坚毅独立、聪明幽默又是相同素食主义的金发美女，有着迷人善良的灵魂。

[①] 劳伦·鲍威尔 Laurene Powell 宾州大学毕业生，曾在高盛服务，而后进入斯坦福大学攻读 MBA，1989 年在一场关于电脑科技的演讲中，与乔布斯相识相恋。

在众人的祝福下,乔布斯轻拥着新娘与他十三岁的女儿——莉萨,在装饰华丽的婚礼蛋糕划下属于他们崭新的篇章。

※ ※ ※

加州帕洛奥图老城区。

艳阳下《财富》杂志的记者布伦特·施伦德①顶着三十多度高温站在树荫下等候主人出现。过于简朴的宅邸让人很难想象它的主人是八〇年代电脑界叱咤风云的亿万富豪。

"这座红砖建筑的屋梁原是旧金山大桥的基座建材。"穿一身轻便红白横条衣服的乔布斯拉开大门对着发愣的布伦特说道。

"史蒂夫。"布伦特眼镜后的神情有点羞涩,但很快又恢复泰然自若指着身旁的友人,"这位是摄影师——蓝吉。"

乔布斯对他点点头。

"比尔?"乔布斯对着前方张望了一会儿,看到黑色加长型豪华轿车停在门口,一个熟悉的身影走下来敲了敲门环。

布伦特有点紧张,同时面访两位电脑界的大人物的他前一晚几乎无法合眼,脑袋不断重复着采访大纲。

比尔·盖茨宽边眼镜下的神情似笑非笑一脸轻松,今年第一季微软的总市值超过了通用汽车让他心情大好。十一年前的微软尚得仰赖 IBM、苹果电脑平台授权才能进占市场获利,如今已非昔日吴下阿蒙。全球几乎百分之九十的个人电脑都安装微软的作业系统。

---

① 布伦特·施伦德 Brent Schlender:连续采访乔布斯二十多年,知名记者、作家,著有《成为乔布斯》(*Becoming Steve Jobs*)。

"当IBM的个人电脑出现时，你们有什么看法？"布伦特坐在设置简约的客厅椅凳上，手拿录音机及笔记本问道。

"我们并不是很认真地当作一回事。因为那段时间，苹果可以卖出上万台电脑。另外，很多人以为IBM是个人电脑的开山始祖，这真是大错特错。"盘腿坐在皮椅上的乔布斯很快地回答。

比尔沉吟了一会儿说道："的确也有很多人认为苹果才是。"坐在椅子上的他挪动了身体，"可是这样说也不对。我们在1975年的时候，就已经为牛郎星电脑撰写了我们的第一个程序。"

乔布斯看着比尔，脑海中浮现十六年前在家酿计算机俱乐部与沃兹尼亚克第一次遇见比尔·盖茨的情景，当时的他们都只是默默无名的电脑玩家……

布伦特看着两位"大人物"的反应莞尔一笑，他低头做点笔记后又问道："微软对于系统的掌控，难道不会扼杀其他竞争者吗？"

"软体的各个层面，都有竞争者。"比尔·盖茨倒是回答得干脆利落。

"我不认为没有人能与微软竞争。"乔布斯特别看了盖茨一眼，"我不是在指责你什么，也不是说这样不好。"他转过头面向采访的布伦特继续说道，"只是制造个人电脑的制造商已有数百家，而针对这种电脑开发的软件也有数百种……"

"的确是。"盖茨附和道。

"尽管如此，那些制造商与软件一律得通过一道名为微软的窄门。"乔布斯扬起浓眉嘴角微勾。

"那道窄门可是挺宽的。"盖茨大笑。

"可是它们都只能透过某一家公司！"乔布斯说。

"你是否认为一些事情会因为我们的名气而出现问题？我的一贯立场就是要创建这个行业的规范。这点从来没有改变过。"盖茨认真地回答道。

布伦特又对于 IBM 结盟苹果共同开发软件的合作案提出问题，乔布斯与盖茨先后对于自己的立场表达了看法。不一会儿话锋转到授权 IBM 使用 NeXTSTEP 作业系统。

"我不懂的是，IBM 已经取得你的 NeXTSTEP 使用授权，为何不利用这项授权取得更多资金，反而去寻求与苹果合作呢？"盖茨上身微倾转身面向乔布斯。

"我不想回答这个问题，我还是谨慎为上，毕竟我可不想得罪 IBM 的任何人。"乔布斯答道。

"哈哈哈……我们都一样。"盖茨忍不住笑了出来。

乔布斯脸上虽露着笑意，紧抿的薄唇却透露些拘谨。

"几年前，IBM 某位人士将 NeXTSTEP 视为解决问题的钥匙。可是呢，"乔布斯挺直了脊梁将交叠的腿盘得更紧，"IBM 实在是人多嘴杂，这把钥匙于是又被丢进泥巴里。"

盖茨与布伦特不约而同地盯着乔布斯没有接话，屋内只有摄影师蓝吉来回走动和拍摄的声音。

奇异的沉默没有太久，布伦特又针对 IBM 问世十周年的《财富》封面主题提出几个大方向问题，两人也毫不保留地做出回答。

足足两个钟头的采访时间，盖茨不是坐在椅子上就是起身走动，只有乔布斯维持着赤脚盘坐的姿势。

"最后可否请你们一起合影。"布伦特提出了要求。

"好，我上楼穿鞋。"乔布斯丢下这句话便直接上楼。

布伦特看着乔布斯在旋转楼梯上逐渐消失的身影，将录音机按下暂停。

"比尔我想最后请教一个问题，据说先前 NeXT……也就是史蒂夫曾希望你们公司能帮 NeXT 撰写应用软件，但是你拒绝了？"

比尔·盖茨直直地盯着布伦特，嘴角似笑非笑。

"因为我觉得它了无新意也不具备市场潜力，只剩下黑漆漆的美感，完全不如当初的 Mac。"

※※※

如同微软比尔·盖茨的预言般，一九九三年二月十日乔布斯结束他最爱的硬件——NeXT 生产工厂。

自硬件部门设立以来只生产了五万台电脑，损失了二十五亿美元。另外，持有百分之十八股份的日本佳能公司决定对 NeXT 进行清算，同时 NeXT 资遣了三百名员工，只剩下软件部门……

位于红木市的公司这几天陆续来了几批鉴价、搬运人员，仅存的高阶主管及员工眼睁睁地看着公司的器具、显示器、各种芯片及昂贵精美的艺术品……被逐一搬离。

"前年离职的那五位元老还真是有远见，早在事情发生前就知道会有这一天。"大厅里抱着纸箱被资遣的女职员幸灾乐祸说道。

"可不是吗？《福布斯》杂志也早就预测到史蒂夫根本是过气的科技人，只剩下过往的光环罢了。"另一位女职员跟着附和。

乔布斯驾着银色奔驰跑车以时速两百公里急驰，他将车上的音乐开到最大。

"如果年华值得珍重,最好此刻开始变动……今日的输家,明天将大获全胜……"

他跟着鲍勃·迪伦的歌声大声唱着,咸咸的泪水随风流进嘴里。

五十分钟的车程后抵达位于圣拉斐尔的皮克斯,他擦了擦脸颊上的泪痕,深深吸口气才踏进公司。

"通过了!通过了!"乔布斯还没回过神,拉塞特就冲过来一把抱住他。

"史蒂夫,迪士尼通过了我们所提出的剧本。"拉塞特兴奋地说。

"《玩具总动员》?"乔布斯睁大眼。

"是的!是的!依照去年所签订的合约,迪士尼将提供制作动画电影的资金……"

"拉塞特,是大部分资金。"乔布斯笑着纠正。

"是!是的!也就是迪士尼会帮我们行销动画电影。"拉塞特高兴地几乎语无伦次。

站在门旁看着这一幕的埃德笑到嘴角几乎合不拢。

终于能够走到这一步了……仿佛走了一辈子。

"谢谢你,史蒂夫。"埃德发自内心地说,"谢谢你愿意投资我们,愿意相信皮克斯。"有哪位亿万富翁愿意将他四分之一的财产押注在一间小小的工作室上?纵然皮克斯拥有世界最先进的电脑绘图技术,也需要有慧眼的伯乐啊!

乔布斯走过去拍了拍埃德的肩膀,然后做了一个"请"的手势。

"电影都还没上映呢!"乔布斯梳理了凌乱的黑发笑着说道,

"走，我们先开会讨论所需要的资源……"他停顿一下，深褐色的眼睛凝视着拉塞特与埃德，"后面还有很多事情等着哪。"

望着两人充满朝气的背影，忧虑的神情又爬上乔布斯的脸。

"据可靠消息，苹果的市占率，从原本的百分之十一又掉了六个百分点……"

"虽然总裁斯卡利过去曾将苹果股价上冲了四倍、利润增长三倍，但是侧重行销，对于创新产品毫无概念的他，近年来让苹果获利率不断下降，逐渐失去光环几乎快陷入泥沼。"

乔布斯心中萦绕着记者布伦特以及苹果副总裁杰伊，前后分别在电话中向他叙述的话……

※※※

最终章

回 归

1. 倒数九十天

春日雨后,库比蒂诺的苹果电脑总部大楼玻璃蒙上一层雾气,无限循环路①一号大楼旁的矮树丛被从云缝洒落的阳光照得闪闪发亮。

几份被搁置在人行道旁椅子上的报纸,正被清洁人员整理回收。行色匆匆面无表情的职员走过巨大七彩的苹果广告牌。

"斯卡利离开总裁位置,你觉得新接任的迈克尔·斯平德勒②会带领我们重回八〇年代叱咤电脑界的地位吗?"问话的女职员抱着一叠资料夹准备到隔壁大楼开会。

"这我不太清楚。"说话的人有着浓厚的英国腔,他单手拿着制图卷筒步伐刻意放慢,"我帮你分担点吧,反正我待会儿要去的部门也在同一栋。"他脸上的笑容有着传统英国绅士内敛的味道。

"乔尼③,谢谢你。"女职员微笑时露出可爱的虎牙,"你所设计的牛顿二号原型机,真是细腻得让人惊叹啊!"女职员似乎又想到了什么,问道,"噢!对了!布伦特给你的专案有什么需要协助的地方吗?"

---

① 无限循环路 Infinite Loop,苹果总部处的街道名称。
② 迈克尔·斯平德勒 Michael Spindler。
③ 乔尼·艾夫 Jony Ive,1967 年出生于英国,1985 年就读新堡技术学院(现为诺森比亚大学 Northumbria University)工业设计系。

"我还在绘制草图。目前还没让我感到满意,露西。"

"若我没记错的话,应该是第三十一份草图了。"露西虽然早已知道工业设计部门主管布兰特从橘子设计公司三顾茅庐挖来的乔尼非常讲究完美,没想到……

"这没什么。"乔尼腾出粗壮的手臂按下楼层,笑道,"我还曾画过一百张草稿的案子。"

叮——

电梯门开启。

露西睁大眼抱着资料夹差点忘了走出来。

"我终于见识到什么是完美主义。"她不禁叹道。

八〇年代叱咤风云的苹果……

乔尼记得大四那年第一次使用 Mac 的那种震撼——无与伦比的人性化使用体验、设计者那份追求极致的心思。

※※※

一九九三年十一月,加州,马林郡,圣拉斐尔。

"'止'的概念并不是所有的一切都要停止,而是放下我们的执着。"乙川禅师在临时铺设于会议室的禅堂中,向皮克斯的职员们讲授"禅修"。

"安住于自己的呼吸中,吸气与吐气时心中默数,一、二、三、四、五……注意吸气与吐气的默数次数要相同,虽然刚开始盘腿静坐会有些许的不适……"乙川禅师起身来回走动查看学员的姿势,"注意脊梁必须挺直。"

十多位自愿参加禅修的职员中，有些人的脸开始不自觉地皱起。

二十分钟后乙川禅师微笑地凝视坐姿不一的新禅修者。

"好，我们今天的禅修课就到这里，可以慢慢睁开眼睛，慢慢松开自己的腿。"

第一次参加禅修课程的皮克斯职员，对于日本禅师所引领"静心"的方式感到新鲜，但是将双腿盘起整个人定在原位不动，却让平常活泼好动的他们几乎坐不住。

"禅师，谢谢您的引导。"最后一位离开临时禅堂的电脑工程师弯腰合掌，向乙川禅师道别致谢。

"禅师，谢谢您。"乔布斯从敞开的门走进，掩不住的疲惫在眉宇间散开，"今天晚上您就要搭机回日本，还让您亲自跑一趟。"

乙川弘文禅师在 NeXT 担任特别顾问，偶尔为职员们讲授禅修，但在皮克斯倒是第一次。

"一点都不会麻烦啊，史蒂夫。只要能帮助人们，只要因缘到了，我都愿意去做。"

"禅师，这一次回日本，是为要会见千野大师父吗？"乔布斯问。他松开衬衫领口卷起袖子席地盘腿而坐。

"是的，自从跟随铃木大师在美国弘法后，已经快二十年没见到师父了，两周前从日本传来千野师父结束五年闭关修行的消息。"乙川禅师说完话便快速将随身行囊收拾妥当。

"走吧，史蒂夫，我们散步到停车场聊聊你的事。"

日本福井县，曹洞宗大本山永平寺。

修剪整齐的松柏静伫在古朴木造的院落，几声短暂的虫鸣划破了空气。

"师父我回来看您了。"乙川弘文禅师拜伏在禅堂上。

"今天路过琵琶湖了吗?"老迈的千野禅师声若洪钟地问道。

"从美国搭机返抵日本后,就直接回来,没有到其他地方。"乙川收整衣摆端坐在蒲团后低头回道。

千野禅师清癯的脸上有淡然的微笑,他闭上眼静默着。

七位五六十岁的僧侣围坐在正殿,乙川禅师对着厅堂前的师父及同门师兄弟讲述二十多年来在美国旧金山弘法的经历。

"禅,是体验,更是种佛法实践。"千野禅师闭着眼睛开口道,"虽然东西方的文化有别,但是佛性却无二致……安住正念修持六波罗蜜,那位史蒂夫在禅定、持戒、精进的修持相当投入,然而布施、忍辱的功夫却停留在字面的理解。智慧在禅修时油然而生,却执迷为当然的结果。"千野师父倏地睁眼,目光灼然地盯着乙川禅师。

※※※

一九九三年十一月十九日星期五。

迪士尼的电影部门负责人杰弗里·卡曾伯格[①]坐在放映室正中间的位子,盯着荧幕里不断咆哮的牛仔的漫画动态影像。

录制配音的人员是美国知名演员汤姆·汉克斯。

"你这个半途闯进来的家伙,门外才是你真正的家,安迪早就忘记你了!"汤姆·汉克斯的声音尖锐而刻薄。

---

① 杰弗里·卡曾伯格 Jeffrey Katzenberg,1984 年至 1994 年担任华特迪士尼工作室的主席。

当啷——砰——

画面最后牛仔玩偶将一个太空骑士玩具扔到窗外……

杰弗里没有说半句话,直接起身到隔壁的会议室,拉塞特与埃德立刻跟上前。

"我决定终止制作,并停止支付所有经费,直到你们写出可以接受的剧本。"杰弗里简单扼要地丢下这句话。

"你们觉得观众会有兴趣看下去,不会中途去买爆米花吗?"杰弗里转头问左右两侧的迪士尼高层主管。

他们全都面无表情地摇摇头。

"埃德,就这样了。"杰弗里拉开笑脸,无框眼镜下的黑眼珠没有半点温情,他说这句话时眼睛看着拉塞特毫无血色的圆脸。

结束与好友埃利森的通话后,乔布斯抬头看着风尘仆仆从机场赶回皮克斯的埃德及拉塞特,他注意到两个人惨白的脸色。

"动态故事脚本被迪士尼退回……离最后截止日期只剩下不到三个月的时间。"埃德开口道。

乔布斯从旋转椅上站起来,他慢慢踱步到两人旁边。

"迪士尼该不会连制作费也不愿支付吧……"他看向埃德狭长的脸。

"我觉得并不是我们的错,因为我们太在乎这段时间迪士尼对故事发展的看法——他们想要一部'更有个性'、辛辣、尖酸给成年人的卡通,但那偏离了我们制作这部电影的初衷,故事的主角变得越来越令人讨厌。"拉塞特直接打断了乔布斯的话。

乔布斯走到办公桌后方推开窗户,看着雨后乌云退散的晴朗天空,深深吸了口入冬混着雨水气息的冷空气。

"大家努力吧！我会继续支付所有的制作费用。"

※※※

加州帕洛奥图。

劳伦·鲍威尔·乔布斯正带着四岁儿子里德在自家的园林里翻松土壤。四周早已栽种了几株李子树、杏树，她准备再种些香草类植物以供平常泡茶，史蒂夫最喜欢印度的茶叶。

她想到自己的丈夫，脸上不禁堆满笑容。

"劳伦。"车库传来停车熄火后电子锁的提示声，夹着乔布斯的高声呼唤，刚从学校放学的莉萨也跟在父亲身后。

劳伦笑笑地看着父女俩一前一后走来，她慢慢起身右手不自觉摸着四个月身孕微凸的小腹。

"我刚带着里德又种了些香茅、薰衣草、薄荷，过几个月我们泡的茶可以有更多变化。"劳伦笑眯了眼说道，她似乎察觉到丈夫略为烦恼的神色，一起进屋后便示意莉萨将弟弟带进房间。

十一月的帕洛奥图还是典型旧金山天气，入冬有阳光，温度不低。但接连几天大雨，空气中布满浓厚水汽，劳伦顺手将除湿机开启。

"这些日子甲骨文的埃利森常常跟我提起，"乔布斯喝了口劳伦刚端上的热茶，"苹果电脑公司。"他清了清喉咙又抿紧嘴唇。

"史蒂夫——"劳伦轻轻抚着乔布斯的背。

乔布斯凝视着妻子湛蓝色的眼睛，缓缓吐了一口气，接续开口道："国家半导体公司的阿梅里奥[①]，听说即将要接任苹果董

[①] 吉尔·阿梅里奥 Gil Amelio。

事。还有现任的斯平德勒居然在找买家！"乔布斯拉高的声音变得粗哑，"劳伦，埃利森跟我提议，他想拿出三十亿美金收购苹果大部分的股票……"

"然后你可以拿到一大部分的股份，回任苹果电脑总裁的位子。"劳伦帮他说了接下来的话。

乔布斯握着妻子的手不发一语。

"可是你并不是这样的人，你希望苹果公司请你回去。"劳伦说道。

"是的！所以我想去找阿梅里奥谈谈。"

乔布斯脑海浮现十月两家人一起到夏威夷康娜度假村的画面。

埃利森在海滩旁的躺椅上，拿给他看《华尔街日报》以及《财富》《GQ》杂志。

《福布斯》最新的富豪排行榜的首富位置，原先的股神巴菲特已被软件帝国微软的创办人暨总裁比尔·盖茨取代……

NeXT 电脑公司重新改组为"NeXT 软件公司"，过气的电脑界摇滚明星史蒂夫·乔布斯正式宣布退出硬件市场。

埃利森棱角分明的长阔脸有丝复杂，他看着沙滩上嬉笑逐浪的老婆孩子和小心翼翼牵着刚满四岁儿子的劳伦。

"如果你愿意，我可以一周内拿出三十亿美金买下苹果，你可以立刻拿到百分之二十五的股份，担任总裁。"埃利森说。

"不，我不是搞恶意收购的人，但如果他们请我回去，就是另一件事。"当时的乔布斯回道。

"我想用超然的立场回到苹果。"乔布斯喃喃自语着。

※※※

　　吉尔·阿梅里奥，一九六八年担任贝尔实验室研究员、前国家半导体公司总裁，在三年半内将营运从谷底翻身到高峰的传奇人物……即将成为苹果电脑公司董事会一员。

加西眯眼看着手中最新的调查报告，把"即将成为苹果电脑公司董事会一员"那句话标记出来。

九年前，如果没有史蒂夫在咖啡馆聚餐时趁着酒意对他大吐真言，或许今日史蒂夫依然在苹果董事会里耀武扬威。

加西想到这里忍不住笑了起来。

谁要史蒂夫当时要挡他财路，不准他被调回美国总公司的 Mac 部门呢！

"成为董事会一员。"加西喃喃自语着。

据说苹果电脑内部开发的作业系统 Copland 可能出现问题，无法强化网络及存储器保护的需求……或许他的 BeOS 系统正好可以派得上用场。

看来多年前乔布斯带走苹果重要员工自立门户是对的，设计开发出的系统关键属性与 Unix 相同，将来又能与 Mac OS 相容使用。

"哈哈哈。"加西扁薄的阔嘴发出高亢的笑声。

一九九三年至一九九四年间苹果电脑公司共裁员两千五多人，因销售持续下滑库存暴增，公司同时宣布冻结薪水。

接任斯卡利总裁位子的斯平德勒，持续为公司找买家——IBM、AT&T、惠普及升阳，却始终毫无进展……

升阳公司甚至拒绝这一笔交易。

二十世纪九十年代中期，苹果电脑公司已亏损达数百万美元。

前总裁斯卡利在拉斯维加斯消费电子展上推出的掌上型电脑牛顿——他称作"个人数字助理PDA"，一个划时代的产品，以及后续的系列，也无法挽回颓势。

※※※

日本京都。

青翠碧绿的山丘、挺拔的松树交互掩映着春天的色彩，洁白的云朵静止在灿烂的湖光与澄澈蓝天间，巍巍然的金阁寺耸立在天水一线。

一九五五年重现于世人眼前的金阁寺，美得如梦似幻。一九五〇年因为它金碧辉煌的美，被寄宿僧人燃起妒火，烧了！

莉萨手扶栅栏微仰着头，努力想看清楚屋顶上展翅的金色凤凰。这几天她特别的兴奋，除了第一次踏上这座令人悠然神往的千年古都外，还是跟父亲的第一次远行。

"爸，你认为金阁寺为何会被烧？而且刚好在你出生的那年重建。"莉萨歪着头问道。

"你总是爱问些奇怪的问题。"乔布斯笑道，眼尾有浅浅的笑纹，他看着三层不同风格的建筑——混着禅风、武士道与日本平安时期风格的寝殿。

乔布斯举起手,远远丈量楼层上下左右的比例。

"老爸,你这样有点好笑,"莉萨拉扯着父亲的手臂,嘴角噙着顽皮的笑,"太像观光客啦!"她对着父亲撒娇。

"就读中学的这几年,有遇到什么有趣的事吗?"乔布斯望着与自己神似、青春俏丽的十六岁女儿。

"我加入了校刊社。"莉萨深褐色的眼睛亮起来,"还参与了学校报纸《钟楼》的编辑!还有,还有……"

"还有什么?"乔布斯故意揉乱女儿及肩的半长发。

"班上有位同学本·休利特。"她没好气地拍掉父亲的手,"听说他来头不小呢。"

"该不会是惠普创办人的孙子吧!"乔布斯说。

"没错。"莉萨用力地点头。

"哈哈哈,我十二岁的时候也曾经在惠普打过工。"乔布斯的心情相当好,他跟女儿叙说自己第一次见到电脑终端机的震撼,为了组装电路板打电话到惠普公司要零件,结果竟然与总裁畅聊快半小时的故事。

"莉萨,"乔布斯停下来望着女儿青涩的脸庞,轻拍她瘦弱的肩,"希望你能原谅爸爸在你小时候没有好好陪伴你……"

哔——哔——哔——

乔布斯腰间的寻呼机[①]响起,他连忙低头检视显示号码。

---

① 寻呼机,又称 BB CALL,盛行于 1990 年代,到了二十一世纪逐渐被手机取代。有单向(接收)及双向(收发)两种类型,给寻呼机发送信息的方式通常为拨打一个指定的电话号码,而寻呼机就会自动获得拨打者的电话号码。

"你先自己四处逛一下,半小时后在入口处会合。"

好不容易找到入口处的公用电话,乔布斯立刻回拨给正在日本的乙川禅师。

"史蒂夫,这几天我无法在永平寺接待你,必须与千野师父闭关修行,一年后再来旧金山禅宗中心找我吧!"电话一头的乙川禅师语气悠然。

游客如织,莉萨不安地在入口处的石阶附近徘徊,忽然瞥见父亲专注打电话的身影,却不知是否该走到父亲身边……

※ ※ ※

加州,马林郡,圣拉斐尔。

艺术部门人员、场景设计师、电脑工程师与动画师,正全心投入讨论这全世界第一部电脑制作的动画电影。执导的拉塞特、史坦顿、迪士尼的动画师乔·兰福特[①]与埃德,几乎是轮流在皮克斯公司二十四小时值守,甚至晚上累了直接睡在桌子底下,因为经费拮据只能共用一台工作站。

"噢,巴斯,你摔得真重,八成脑袋坏了。"

"胡迪,没啦,我脑袋可清楚得很。你说的没错。我不是太空骑警……"

他们盯着荧屏里两个玩具的对话场景,不断对3D场景、画面动作安排、高度做调整。

[①] 乔·兰福特 Joe Ranft。

"这里表现出的情绪气氛不够强烈，我们再用虚拟摄影机调整一下镜头。"拉塞特哑着嗓音说道。

咚咚。

总机人员匆忙敲门走进来。

"史蒂夫刚从旧金山机场打电话回来，他刚结束日本之旅，四小时后进公司。"女职员清亮的嗓音扬起。

埃德侧耳听完后转头看向窗外的春日夕照。

"我要让皮克斯上市。"乔布斯踏入会议室还没坐定便开口说道，五天的日本之旅似乎让他放松不少，脸上线条变得柔和，原本宽松的蓝线条衬衫显得合身。

"史蒂夫，这——"拉塞特被突如其来的信息惊得不知如何回答。

"这个主意不太好。"埃德沉默一会儿后开口说道，"我们应该先制作几部电影，增加我们的价值再来考虑发行股票公开上市。"

"埃德，这是我们发光发热的机会，再者，"乔布斯拉开椅子坐下，"从长期的财务状况来看，如果第一部不赚钱，皮克斯可能永远消失在地球上。据我估计，《玩具总动员》应该可以在感恩节前夕上映。"

埃德与拉塞特不约而同地紧盯着乔布斯蓄满胡须的脸。

"那么根据我的判断，若这部电影很成功，"他调整了语气，"不，是非常成功，"乔布斯握紧拳头继续说道，"迪士尼的艾斯纳必定会想办法和我们重新谈判要求继续合作，为了掌握谈判先机达到平分利润的有利点，皮克斯也要拿出一半的制作预算，那会是一大笔钱，要做到这点我们就必须上市。"

一百多天里，罕见西装笔挺的乔布斯带着埃德密集地来回奔走在全美各大投资公司，游说召集首次公开募股。

※※※

一九九五年十一月十九日，洛杉矶埃尔卡皮坦大剧院。

《玩具总动员》动画电影首映会的巨型荧幕上，迪士尼缤纷的梦幻城堡如流星划过，接下来 Pixar 的标志及到处顽皮跑跳的台灯首次出现在观众眼前。

当大家对这个标志感到陌生，好奇为何 Pixar 的标志竟然与迪士尼的城堡徽章一样占据整片银幕时，全部的人都被色彩鲜明灵动的画面吸引——不起眼的玩具居然活了起来……

我们终究会长大，但是那些留下的美好，从不会消失。

首映会上的观众全被动人的故事情节、精彩流畅立体的画面摄去了心神，放映结束后观众席里爆出满满的掌声。

"那真的太酷了！太酷了！"走出影厅的观众眼眶泛着薄光。

上映一周，《玩具总动员》美国国内的总票房达到三千多万美元，打破动画影史的票房纪录。

十天后，皮克斯公司股票上市从开盘二十二美元攀升至四十九美元，首日成交金额高达十五亿二千万美元，乔布斯手中持有的百分之八十股份成了价值十二亿美元的股金。如同乔布斯先前的预言，迪士尼的艾斯纳主动致电给皮克斯要求重新签约，他们达成了利润平分的协议，在乔布斯强势的主导下，迪士尼甚至同意与皮克斯电影成为"联合品牌"。二战前就屹立在电影动画圈的迪士尼,让刚在动画界满十周岁的皮克斯拥有相同尺寸标章曝光。

过去在迪士尼动画电影王国绝不可能发生的事,却成了现实。

加西陪着孩子到电影院看完《玩具总动员》,送家人回家后便直接驱车前往帕洛奥图南区的牛排馆。

"这位是汉考克①。"加西的朋友马奎特一见到他立刻起身介绍旁边的女士。

"你好,加西先生。"五十多岁目光锐利满头白发的汉考克对着加西点头。

两个人简单寒暄一番,Be公司的最大股东也是加西好友的马奎特立刻切入正题。

"汉考克女士过去在IBM工作,现在是苹果电脑研发部门的执行副总裁。"马奎特压低嗓音说道。

"待会所罗门②也会来这里,他会比我更清楚策略规划及事业开发,"汉考克眼睛眨了一下,"以及收购合并技术。"

※※※

一九九五年底至一九九六年初,乔布斯接受《回顾资讯发展纪录片》长达七十分钟的访谈以及《连线》杂志访问。

---

① 埃伦·汉考克 Ellen Hancock。
② 所罗门 Douglas Solomon,苹果资深副总裁。

主持人对他踏入电脑界的起点相当有兴趣，也好奇他如何在完全没有经营管理经验的背景下，初起创业就能掌控庞大的企业。

稀疏的前额、后退的发际线，镜头前的乔布斯已不是当年年轻英俊的小伙子。

"就是要不断问为什么。"乔布斯回答主持人，"生意场上有许多约定成俗的规定，我们称为陈规陋习，这就是信息系统出了问题。所以要不断问'为何'，各种细节都不能遗漏，发现误差也要不断修正。"

"设计一件产品，需要将五千个问题装进脑袋里……团队才是最重要的，大家如同相互摩擦的石头，最后形成美丽的作品。"乔布斯对着摄影镜头抿了下嘴唇继续说道，"辩论、对抗、争吵、合作……大家都喜欢偶像，所以注意到我，其实这些都是团队的功劳。还有我是那种只在乎成功，不在乎是非的人。"他补充道，"我经常承认错误，那没什么大不了的。"

主持人又追问关于一九八五年离开苹果之后的事……

乔布斯斜靠在红色沙发上，眼睛避开镜头，他支住下颚的左手隐隐颤抖。

"我不想谈论这问题，"乔布斯努力平稳自己的情绪，他的身体稍稍不安地扭动，过了一会儿深深吸口气，"离开苹果是最痛苦的事。"他撇开头回避镜头，"再说下去我会疯掉。"乔布斯起身离开摄影范围。

主持人没有拉回他，而是与周围的工作人员等待他平复下来。

过了半晌，回到座位的乔布斯声音变得喑哑："最痛苦的莫过于苹果后来没有发展好。雇用斯卡特是错误的,他侥幸搭上正要发射的火箭,却又轻率改变火箭的飞行轨道,最后箭毁人亡。"

无框圆镜片下的神情有股说不出的落寞。

主持人转移焦点,请乔布斯预测未来十年电脑的发展趋势。

"人活着要追求极致,并分享给同类。这样人类才能共同进步,学会欣赏更美的东西……我不会嫉妒微软的成功,但微软只不过是另一个麦当劳,没有创意;NeXT 太小了,只能眼睁睁看着却无能为力。未来十年将是网络的时代,销售上小公司与大公司将毫无区别,那将是一个超级巨大的市场,网络技术必然成为一个重要的里程碑,且为 IT 产业开启了新的大门。"

《连线》杂志记者则问到关于电脑趋势及网络所带来的变化,哪种让人惊讶。

"资讯工业已死,创新力已几近中断。微软取得主导地位……台式电脑市场已经进入黑暗时代……问题是,我已经老了,四十岁了。"

※※※

细雨中的十二月旧金山气温只有五度,天空飞过几只展翅翱翔的雪雁。

半年前取消 Copland 系统研发的苹果现任总裁阿梅里奥与六位高层主管坐在饭店专属的会议厅包厢,专注聆听 NeXT 公司、Be 公司及其他两家知名电脑公司系统简报。

乔布斯一眼就认出十多年前出卖他的加西,那狭长的马脸堆满油腻的笑容。

"泰瓦尼安,你直接再打开两部影片执行播放程序。"站在投影幕布前的乔布斯指挥着伙伴，没让厌恶的心情干扰他，很快全心投入简报。

底下几位苹果高层目不转睛地观赏着幕布上同步播放的五部影片——在同一部电脑上。

"制作多媒体、连接到网际网络，依然流畅。"利落短发的乔布斯身穿成套深色西装却没打上领带，微敞着衣领有些随性。他示范着 NeXT 作业系统的手法不断地强调系统的强项优点，如同演出莎翁名剧般。

加西默默地听完并与对面的汉考克交换了眼色，他上台打开简报神色自若地示范操作系统后说道："苹果团队应该很清楚 Be 作业系统的功能……"

IBM 第二代及升阳公司 Solaris 的作业系统的部门负责人也随后分别示范讲解。

乔布斯并没有留下来，他简单收拾东西便与泰瓦尼安走出饭店在帕洛奥图的街道上漫步。

汉考克听完四间公司作业系统示范解说后，站了起来。

"我强烈建议采用 Be 的作业系统，因为它与 Mac 几乎无需做太多的调整就可相容。"她说。

夜半时分，劳伦抱哄着周岁的女儿入睡，整座宅邸静悄悄的。

辗转难眠的乔布斯好不容易睡着后，做了一个很长的梦——

那是雷雨过后的亚穆纳河，他坐在湿润石阶上望着混浊暴涨的河水，旁边一位老迈的印度瑜伽士正对他低语着，依稀在叙说宇宙生命的幻灭无常。画面转回到自己二十岁跟着乙川禅师闭关禅修的景象……正安住觉知在自己平稳的呼吸与山林间隐微的扰动中时，突然禅堂的门被打开，一群人粗暴地闯了进来。

乔布斯从梦中惊醒，汗涔涔的背隐隐作痛。

※※※

"并购 Be 公司时，我希望能够带进五人的团队。"加西跷起一只脚说道。

"这，当没问题。"阿梅里奥双手交握轻点着头，一旁的汉考克表情轻松记录整理着资料。

"以及苹果百分之十五的股份。"加西语气加重。

"等等，那等于市值五亿美元……"阿梅里奥眼睛睁大惊呼道。

加西望了一眼汉考克正低头埋首疾书的蓝色身影，轻咳了几声。

"我们公司的作业系统不用太多的修改，就能直接与 Mac 相连，对于苹果的帮助应该极大。"加西的马脸上堆满自信的笑容。

阿梅里奥站了起来，手臂越过会议桌，他握住加西厚短的手掌。

"那么请你静候佳音，我们将在内部评估会议后，通知贵公司来签约的。"他说道。

会谈的同时，正离开高盛投资银行的苹果董事伍拉德[①]一脸

[①] 埃德·伍拉德 Ed Woolard，曾任杜邦公司总裁。1996 年为苹果电脑公司的首席董事。

凝重，身为杜邦前总裁的他明白苹果沉疴已深，尤其是安德森财务长的报告中暴露出的问题——

公司的现金流失相当严重，再不到一百天可能就无法支付所有应付款项……重要干部几乎都在考虑离开，这艘船就快要触礁了。

一九九七年初的《商业周刊》的标题封面——

苹果电脑公司，一个美国象征的陨落。

根据上一年调查，苹果电脑的市占率已从百分之十二降至百分之三。

九十天后即将面临破产……

※※※

2. 回　归

　　接连几天的股东大会上的财务报告，让股东们十分不满，然而收购作业系统商的案件仍只是内部杂音纷扰。在阿梅里奥的坚持下，苹果做了最后决定——

　　一九九六年十二月二十日，苹果电脑公司正式宣布以四亿两千九百万美元收购 NeXT 电脑公司，原总裁乔布斯因公司合并，出任董事长顾问。

　　纵使电脑研发部门副总裁汉考克，坚决反对苹果收购 NeXT；微软的盖茨以及加西在记者前对于收购案表达强烈的不满，甚至痛骂乔布斯的 NeXTSTEP 根本是骗人的把戏，也改变不了苹果的决心。

　　一九九六年十二月二十日，苹果产品说明暨重大事项发布会。

　　阿梅里奥叙述完冗长的新一季产品及公司政策后，对着底下两百五十位员工正式介绍并购 NeXT 系统后加入的新成员。

　　"我们欢迎史蒂夫，也是将来董事会的顾问。"他郑重宣布道。

　　底下员工瞬时响起如雷的掌声，正在引颈眺望前方舞台两侧熟悉的身影时，一抹人影缓缓从大厅后方走近。

　　乔布斯环顾着四周热烈鼓掌的苹果员工，轻轻地点头示意。

重回苹果舞台的他有些疲态，默默站在总裁阿梅里奥身边不发一语。

乔布斯抵达皮克斯在爱莫利维尔的新办公大楼园区时，暮色正浓，橘红的晚霞笼罩整片大地。

圆镜片下的神情若有所思，乔布斯走进他亲手设计崭新的大楼，简约宽敞流动的空间，让创意人可以随时与不期而遇的伙伴讨论灵光乍现的点子。

"我一直想着，这样会牺牲多少陪伴家人的时间，皮克斯这里也会受影响……这几天我不断失眠。"坐进办公室的乔布斯对着拉塞特、埃德说道。

"这里有我们在，你放心去做你想要做的事。"拉塞特的圆脸漾着温暖的笑容。

"你明白决定这件事的理由。"埃德凝视着乔布斯。

乔布斯点点头开口道："因为我相信苹果能让这个世界更美好。"

※※※

六月的旧金山依然蒙着浓雾，新月低垂在树梢枝头。

凌晨四点多，帕洛奥图的乔布斯宅邸只有均匀深沉的呼吸声，里德与莉萨睡在二楼角落的两间房内，一楼唯一的寝室里乔布斯夫妇正相拥而眠，两岁的埃琳在旁边的婴儿床里闭眼吮着拇指。

屋外的鸟声啾啾，几声蝉鸣惊醒了乔布斯。他悄悄地翻身下床，推开白色窗户让自己吹着凉风。

天，即将破晓。

重回苹果电脑公司的乔布斯，六点就在办公室里翻阅所有的产品型录，桌上标示"董事顾问"的木制牌已被层层堆叠的册子、资料夹淹没只露出金属底座。

"PowerMac 的系列产品一百多项、三四零零机型、四四零零机型……牛顿掌上型电脑 PDA、二十周年纪念机型……设计得还不错，PowerBook 系列……"乔布斯整理目前所有生产线的电子产品，眉头皱得越来越深。

共有六百多项产品啊！

乔布斯抽出红色封面的档案夹，仔细阅读到最后一页时将它重重地摔回桌面。

他拿起电话熟稔地按下号码。

"伍拉德，是我。"

"史蒂夫——这么早，你早餐吃了吗？要不要直接来我家……"伍拉德侧着脖子夹住家用无线电话，沉稳的声音听来有些别扭。

"我在办公室了。"乔布斯换了一种语气问道，"董事会已经决定撤换阿梅里奥了？"

"是的，大约在七月就会公布，毕竟财务报表惨不忍睹，多数董事、股东早已失去耐心，你……考虑好了吗？"伍拉德问道。

"不，我没办法接下总裁的位置。"乔布斯斩钉截铁地说，眼睛却不自觉飘向窗外大型的七彩苹果标志。

"哎，虽然这三个月你在公司的职称是顾问，但早已掌控大部分的决策。"伍拉德叹道。

电话里的乔布斯不发一语。

"董事会应该会先任命财务长安德森暂代总裁职位。"伍拉德拿起咖啡杯一饮而尽,"直到你愿意接下这个位子。"他补充道。

"噢,对了,你打来是有什么事要问?"伍拉德似乎想起是乔布斯在大清早匆忙打电话来的。

"一九九六年第四季发行的机型目录里,eMate300 的设计者是谁?"乔布斯一眼就被半透明蓝色的机壳给吸引住,这一款是专门设计给小学生使用的基本款。据最新的报表来看销售量不是很好,只售出几百台,但是乔布斯对这具有崭新创意的机身设计非常有兴趣。

"设计它的好像是工业设计部门的英国人,"伍拉德停顿了一下,"布兰特挖来的年轻设计师——乔尼·艾夫。"

※※※

星期五早上九点的例行晨会聚集了三十多位部门副总裁、经理及主管,他们大多数是第一次面对乔布斯主持的晨会。

短裤球鞋黑色圆高领的乔布斯右手拿着马克笔画着。

"六百三十七项大大小小的商品,你们要如何向顾客推荐机种?你们分得清楚三四零零与四四零零台式电脑的差别吗?"乔布斯咄咄逼人地对着主管们问道。

他转身在白板上画下曲线图。

"我们的营收已经从一百二十亿掉至七十亿。"乔布斯注意到台下几位副总裁闪烁回避的眼神。

"但是其实我们可以降至六十亿美元的营收,还能保持收益。"

"减少不必要的生产线以及裁撤人员。"他盖上马克笔的盖子转身对着大家说,"我们只需要专注在几项产品上,你们觉得需要几项?"

十多位举手的主管建议两百项或一百多项。

乔布斯摇摇头:"我们只需要……"他拿起另一支红色马克笔画出垂直的两条线,分别在四个象限写下——

专业消费者、一般消费者、台式电脑、笔记本电脑。

"专业的台式电脑及笔记本电脑、一般的台式电脑以及笔记本电脑,我们将来除了符合这四种类型的机型外,其他所有生产行销活动一律停止。"

无限循环路二号的办公大楼工业设计实验室,原来的主管布兰特早已在两周前离开让他心灰意冷的苹果,偌大的部门办公室、模具间、会议室,原本容纳二十人的地方只剩不到十人。

蓄着平头的乔尼正独自一人待在模具间里修整刚设计好的雏形,埋首工作的壮硕的身形隐约透着些许寂寞。

"你说这个重要的设计实验室,阿梅里奥没有踏进过一次。"

"是的。不过话说回来,上一季二十周年纪念机款的设计融合电视、电脑、音响,对称圆弧的底座、流线的造型,还获得了国际设计奖。"

乔尼听到门外传来的交谈声,不经意地抬起头。这是他第一次看到苹果创办人乔布斯,过去只在电视或杂志等平面媒体才能见到的大人物,居然亲自跑到这里,他连忙起身。

"这位就是乔尼·艾夫。"安德森对乔布斯介绍道。

"你就是乔尼。"乔布斯满脸笑容主动上前握手,"做得很好,设计非常有质感。"他拍拍乔尼的肩膀。

腼腆的乔尼点点头随口寒暄几句,浓重的英国腔、无邪的笑容,让人感到舒畅。

"你手边正在设计的是?"乔布斯问道,眼睛在工作台放置的实体模型上来回扫视。

"新一代的方块电脑外壳,是金属制成的……"乔尼如同打开话匣子般滔滔不绝地介绍机身材质、手摸的触感、CNC 程控铣床流程……提到制造流程时,乔尼突然停下,拿起桌边另一个半透明的机壳:"彩色的玻璃树脂,这样特殊的材质可以让使用者看到内部,而且调制成各种颜色的树脂还充满着可塑性。"

乔布斯忍不住伸手触摸泛着浅蓝色光泽的机壳。

"如果能建立 CAD 小组,那么制造及试样流程沟通可以更有效。"说到这里乔尼的脸色飘过一丝愁容。

乔布斯将乔尼的神情看在眼里,听完他的介绍后开口道:"鲁宾斯坦[①]将会是硬件部门的主管,他将会给你最大的空间发挥。"

※※※

深夜十一点,苹果总部大楼只剩一楼警卫室及五楼的小型办公室是亮着。

[①] 乔纳森·鲁宾斯坦 Jonathan Rubinstein,NeXT、苹果电脑的首席硬件工程师。

深灰色门后的核桃木地板上散落着产品设计图、各类行销资料、正在市面贩售流通的苹果电脑型录以及电脑试样机型。

乔布斯一头乱发、胡须布满下颚,端坐在新买的蒲团上。

他深沉呼吸,间隔愈拉越长,最后只剩吸气的声音回荡在办公室。

只管坐,不问结果,与烦恼和而为一。

他内心响起乙川禅师讲述禅修的话语,阵阵纷乱的心绪突然静止,只剩下"存在"的觉知。

室内空调保持二十三度恒温,竟也让乔布斯的额头微微沁出汗水。

当他再次睁眼时,窗外映着几只不知名鸟儿跳跃的剪影——

凌晨三点十分,乔布斯再度拿起散乱在地板上的资料及试样机型,饱满的下颚露出畅然和煦的笑容。

"告诉我这个部门生产的电脑有何存在的价值?"

"这个部门主要面向刚入门的电脑初阶用户……"

"初阶用户,既不是专业也不是一般消费者,没有存在的必要。你们十一个人工作到今天,明天会计部会将遣散费发给你们。"乔布斯对早上第五位向他报告的部门经理下达了指令。

从机场刚抵达公司的副总裁战战兢兢地走进顾问办公室。

听完亚洲产品研发副总裁的汇报后,乔布斯从文件堆里抬起头开口道:"新加坡设立的研究机构ATG,研究东南亚语言的语音、手写体……这个财务状况也太糟,根本毫无收益还花钱如水。将它结束掉!"

"但是,"负责亚洲研究机构的副总裁鼓起勇气说道,"QuickTime、QuickTime VR、ColorSync、AppleScript 这些都是目前业界最新的技术,而且将来对于亚洲市场的发展帮助极大。"

乔布斯看了副总裁一眼:"即刻关闭新加坡研究中心。"他再度申明。

铃铃铃——

桌上内线电话红光不断闪烁,乔布斯皱起眉头接起。

"史蒂夫,我是阿梅里奥。"电话里语气急促,"一百五十万股的股票是不是你抛售的?当初不是谈好了吗?你必须持有六个月。我跟别人说卖出股票的不是你。记得,那是我们的协议,除非先跟我们商量,否则你不能任意出售。"他气急败坏地说道,原本温润的嗓音拔高嘶哑。

"是我抛售的股票。"乔布斯挥手示意副总裁离开,"因为当时……"他叹了口气,"突然心情一阵沮丧,觉得苹果……没有未来。"

"天啊!我竟然被你骗了!被你骗了——"没多久电话那头传来嘟嘟声。

阿梅里奥挂了电话。

※※※

一九九七年七月四日美国国庆日,苹果电脑公司正式对外宣布——阿梅里奥将总裁的位置交棒给史蒂夫·乔布斯"暂时代理"。

五十五岁的马库拉凝视公司准备对外发布的新闻稿中的"乔布斯"——他熟悉不过的名字,曾经在十二年前被他亲手放逐的创办人。

微微谢顶的头发花白而稀疏。马库拉打开抽屉拿出底层尘封已久的照片——二十多年前苹果电脑初创时期,他和两位史蒂夫开怀大笑地在第一届西岸电脑展的摊位前与苹果二号合影。

马库拉闭上眼,轻轻叹了一口气。

史蒂夫终于要返回苹果了。

随着内部主要的决策逐渐由史蒂夫掌握,高层执行副总裁的去职,董事会的重组也将是必然的。也只有苹果的灵魂,才能找回苹果真正的样子……

乔布斯终于同意"暂时代理"苹果总裁职务,年薪只要求美金一元。

答应"暂代"的前两个月,乔布斯马不停蹄地召开各种会议,深入了解内部产品及各部门,并与设计部门沟通、裁撤掉二十多位副总裁、关闭一百多条亏损及不必要的生产线、与供应商谈判及甄选广告公司。

晚上十点他召开电话董事会——

"我们当务之急是阻止公司职员的离职潮,留住重要人才。"乔布斯说道。

"史蒂夫,可以试着将福利拉回原本的模式,比方说薪资、员工餐厅、出差津贴、住宿机票等……"董事尤肯说道。

"不、不、不,这些都不是治本之道。我们必须调整股票选择权的价格,也就是降低履约价格,让选择权恢复吸引力。"乔布斯语气坚定。

"这个方法是可行，但还要花点时间研究实施后在法规及财务上的影响。"伍拉德回应道。

"实施的时间愈快愈好，必须尽快执行，优秀的人才正在流失。"

其他董事纷纷表达意见，乔布斯耐着性子听完。

"我在杜邦从来没见过这种做法。"伍拉德跟着反驳道。

"你们要我解决问题。"乔布斯音量变得更大，"而人才就是关键。"

其他董事们一个接一个表示，预计需要研究两个月才能确定执行。

乔布斯握着听筒，胸膛起伏愈来愈剧烈，他沉默一会儿后开口道："各位若不同意，下周一我就不进办公室了。后面还有无数困难的决策要进行，你们无法支持这个决策，那么将来的失败是注定的。所以，若你们没办法立即做决定，我就走人，你们可以怪到我头上，然后告诉别人：'史蒂夫做不到！'"

※※※

比尔·盖茨坐进车内时，手机刚好响起。

"我是比尔·盖茨。"

"你是说我们微软提出的要求全都愿意接受吗？"

"所以你的意思是，同时愿意撤销诉讼吗？嗯，好的，明白，不过今年八月我不在美国，无法亲自参加波士顿大会，但可以在夏威夷的办公室视频通话。"

保罗·艾伦在比尔·盖茨专注打电话时也跟着坐进黑色豪华

轿车内，等到比尔·盖茨结束通话时他开口问道："你真的愿意投资苹果一点五亿美元？那可不是一笔小数目，再者苹果关门大吉是迟早的事，那些股票迟早化为乌有，微软投注这么多钱下去也可能只是有去无回。"

比尔·盖茨湛蓝的眼睛盯着公司的共同创办人兼好友。

"我相信史蒂夫的理念。"

一九九七年美国波士顿举行的 Macworld 大会，临时总裁乔布斯宣布撤回对微软长达十多年的专利诉讼——剽窃苹果的图形化界面外观。

"苹果决定使用 Internet Explorer 作为 Mac 电脑的预设浏览器。"乔布斯对着底下的"果粉"们讲述双方的和平协议之一。

底下五千多名从各地赶来参加年度盛会的果粉嘘声四起，有人甚至掩面啜泣。

乔布斯脸上依旧堆着微笑，他高举右手继续说道："我们认为消费者有选择的权利，因此也提供其他浏览器，使用者当然有权更改预设系统。"

现场的气氛逐渐缓和，当乔布斯宣布微软将投资一亿五千万美金，担任无表决权的股东时，原本的笑声及掌声又消失了。

"我刚好透过卫星连线，邀请了一位来宾。"乔布斯退到舞台旁边，背后的巨幅荧幕瞬间出现微软总裁比尔·盖茨的身影，他的脸上漾着一抹微笑。

台下的观众顿时倒抽一口气。

"在我的职业生涯中最令人兴奋的几件案子，都是与史蒂夫一起为 Mac 所做的事……"比尔·盖茨尖细平板的嗓音温和地向台下观众推销专属 Mac 的最新 Office 版本，底下的人也渐渐平静。

零星的掌声开始出现在观众席，当卫星讯号结束时，众人情绪也平稳许多。

"苹果必须跳出固有的思维，如果我们要向前走，让苹果重拾风采，就必须牺牲一点……我们要摒弃——微软与苹果只有一位赢家——这种想法。"乔布斯站回舞台中央恳切地说着。

※※※

3. 不同凡想

绕过翠绿平坦的草坪、设备完善的网球场，穿越精心栽种的葡萄园后，乔布斯将车子停进自动开启的地下车库。

伍德赛德的秋初时节，城堡般广阔气派的庄园里漫着葡萄果香及割草后的气味。

马库拉站在车库通往室内的门口迎接着。

"今天中午在遴选广告商，看他们的比稿，所以晚了。"乔布斯一边关上车门一边对着十米外的马库拉说道。

自从乔布斯被驱离苹果后，这是他们第一次相见，相隔整整十二年。

"我想要建立一家永续经营的企业。"乔布斯说道。

他们两人就像过去一般，在附近的红杉林散步谈论着许多事，没有久别重聚后的尴尬，也没有疏离感。

"你想要一个全新的董事会来支持这个理念，对吧！"马库拉的神情从容，稀疏银发被山风吹得有些凌乱。

乔布斯转头看着昔日大胆投资、提携他的导师，纵使两人间情谊中断十多年，马库拉依旧是令人敬重的伙伴……虽然曾残忍地背弃过他。

"是的。"乔布斯回道。

"我会率先请辞苹果董事。"马库拉简短地说。他知道乔布斯要的是什么，他也知道这位重回苹果的创办人为何亲自驱车前来——只因乔布斯仍尊敬他是昔日提拔"苹果"的老人。

乔布斯没有接着说下去,他望着清澈蓝天与高耸入云的杉木林。片片枫叶飘落,眼前红黄绿叶交织的茂密丛林构成一幅秋日美景。

"克劳①,他居然愿意参加比稿竞赛……"乔布斯打破沉默开口说道。

"TBWA \ Chiat \ Day 公司是广告界翘楚,无须为了争取我们的广告而参加吧!"马库拉有些讶异。

"是的,自从1984的广告让他们一战成名后,他们十多年来没有参加过这样的竞选了……"乔布斯的语调有些哽咽。

"为了符合公司规定,也避免其他知名广告商的不满。"马库拉懂得个中道理,毕竟BBDO、阿诺国际传播②等,曾经也是苹果合作的对象。

"这次克劳提出的创意主题是?"马库拉问道。

"不同凡想③。"

※ ※ ※

向那些疯狂的人致敬。
给那些特立独行的人,
桀骜不驯的人,
惹是生非的人,格格不入的人,

---

① 李·克劳 Lee Clow。
② 阿诺国际传播 Arnold Worldwide。
③ 不同凡想 Think Different。

以独特眼光看待事物的人。

他们讨厌墨守成规，从不安于现状。

你可以引述他们的话、反对他们、赞扬他们或是诽谤他们，但绝不能忽视他们。

因为他们会改变事物。

他们发明、他们想象、他们治愈，

他们探索、他们创造、他们启发，

他们推动人类向前迈进。

也许他们必须疯狂……

浑厚恳切充满磁性的嗓音缓缓朗诵着，黑白基调的影片中流转出现爱因斯坦、鲍伯·迪伦、马丁·路德·金博士、理查德·布兰森、建筑师富勒、爱迪生、拳王阿里、歌唱家卡拉斯、甘地、女飞行员埃尔哈特等等的身影。

这些包含历史名人及创作家的巨幅平面广告，也同时现身在各大市中心的媒体墙、来回奔走的公交车以及苹果电脑公司的无限循环路园区。

他们的右下角都写着"不同凡想"，还有一颗七彩炫目被咬一口的苹果。

"即刻起停止 Mac 兼容机的授权。"乔布斯眼睛盯着电视荧屏上夜间热门时段首次播出的"不同凡想"广告，对着电话另一头命令道。

"我不管是否违约，全部终止！"

电话另一端说得又快又急，乔布斯毫无耐性直接打断：

"Power Computing、Radius、摩托罗拉……这些公司怎样跳脚都无所谓,到法院解决违约问题,不计一切代价。"他最后吼了出来并重重挂下电话。

乔布斯拉回椅子坐下并拨出电话。

"伍拉德,是我。"乔布斯吐了口气,手不停歇地查找红色资料夹内的各式留存文件正副本。

"'不同凡想'的广告效果看来成功极了!"伍拉德等不及乔布斯说完,迫不及待地分享媒体圈的调查报告还有一般大众热烈的回响。

"过去授权给外界制造兼容 Mac 电脑产品的公司,我要全部终止合作。"乔布斯等董事伍拉德叙述完苹果发布最新的广告效果后,平静地说道。

伍拉德沉默一会儿后问道:"法务部门计算出违约金了吗?"

"我查了过去签约留下的资料。"乔布斯手边的红档案夹有着细微的裂缝,那是他第一次看到授权文档一时气愤所留下的痕迹。

"估计是一亿美金,但我们必须拿回顾客资料。"

"好,那就这么办吧!"

※※※

加州,库比蒂诺,苹果电脑公司总部。

清晨,数名工人在几位内部员工的指挥下,将数面第二次世界大战的军方宣传海报悬挂在各园区大楼的门厅入口。

骤凉微雨的深秋,匆忙搭车赶到园区上班的职员们,几乎都被眼前的巨幅海报震惊得停下脚步……

海报上正义凛然面容严肃的士兵，列队整齐地站在飘扬的美国星条旗前。

海报底部写着——

泄露口风，釜破舟沉。

面面相觑地看完后很快各自走进自己工作岗位的员工，不约而同地在电子邮箱里收到一封来自临时总裁乔布斯的公告：

只要有人泄露研发中最新产品的任何资讯到外界，立刻去职处分。

已经三天未回家的乔布斯，望着阴沉灰暗的天空。

滑落的雨水模糊了窗景，无限循环路大楼外的街道变得朦胧，不知何时他开始习惯穿着日本三宅设计师送给他的黑色高领。

办公桌上的手机及内线同时响起，他看了一眼来电显示直接拿起手机，任凭内线红灯闪个不停。

"弗雷德里克[①]，你终于有时间啦！"乔布斯嘴角上扬，语气显得轻快。

"没办法，最近公司忙着采购波音最新的货机，必须跟西雅图驻点公司开会讨论，"弗雷德里克话说得太急，不小心呛咳了几声，"史蒂夫，我们有十多年没见面了吧？自从……咳……你

[①] 弗雷德里克·华莱士·史密斯 Frederick Wallace Smith，联邦快递创办人及总裁，1944年在美国密西西比州出生，耶鲁大学毕业，曾为美国海军陆战队上尉，也是一名飞行员。

上次离开苹果。"

"何时回旧金山？我想请你帮我推荐几位人选。记得十三年前的领导研讨会晚宴吗？你曾经在席间提过公司对消费者的行销，利用联邦快递将刚出厂的产品直接送到顾客家中。"

"不，那好像不是我说的，那是很久以前 IBM 的配销手法，但只在讨论阶段。"身为联邦快递的创办人兼总裁，弗雷德里克每件决策总是记得清清楚楚。

"你是希望我推荐擅长配销的人才吗？"弗雷德里克问道。

"我希望你推荐能精准掌控公司采购、营运、配销的人才，我实在有太多事情要做了……担心时间不够啊。"乔布斯语末隐隐藏着忧虑。

※ ※ ※

六岁的里德牵着刚满两岁的埃琳的手跑到后院。

"妈妈，妹妹说她饿了。"里德探头望向正在仓库整理东西的母亲。

"埃琳……饿……"一身粉色居家装的埃琳小手拍着肚子，发出咚咚的声音。

"妹妹乖，"劳伦从仓库深处走出来，卸下一只棉布工作手套摸摸女儿的头，她转头对着里德说道，"先带妹妹进屋里，厨房里有温好的牛奶，在保温盒里，你先给妹妹喝，妈妈还要半小时左右才会进屋。"

里德乖巧地点头，但眉头却微微皱起。

"妈妈今天是礼拜天不是吗？爸爸怎么不见了？"里德问道。他记得爸爸几乎每个周末都会陪他玩球……

劳伦蹲下身凝视着儿子酷似丈夫的眉眼轻柔地说道："爸爸正在让这个世界变得更美好，必须多点时间留在公司里。"她分别吻了吻儿子女儿的额头继续说道，"你们要多体谅爸爸，他正在努力打造一个可以让生命更丰富的世界，等他忙完就会来好好陪我们了。"

"丰富！"埃琳浅褐清澈的眸子瞬间亮起，"就像玩具吗？牛仔胡迪？"她最喜欢那部动画片了，里面会动会说话的玩具好有趣。

"是啊。"劳伦笑着拍了拍里德，"快带妹妹进屋去吧，别让妹妹饿太久。"

看着一双儿女稚嫩的身影逐渐消失在转角的矮树丛后，劳伦利落地带回手套，走进堆满杂乱物品的仓库里。

她抱起刚才不小心掉落的陈旧箱子，被湿气浸润腐坏的凹洞中突然滚出一个沉甸甸的铁盒。

"蓝盒子……"劳伦记得丈夫曾经跟她提过，二十多年前那个可以骗过交换机免费拨打电话的转接盒。

劳伦捡起有些锈蚀的长铁盒，仔细翻转检视。

终于看到丈夫年少时与好友研发的机器，这可是让史蒂夫初尝改变世界与成功赚取金钱滋味的发明啊……

蓝盒子底部一行模糊的字吸引住她的目光，她用力将字上的灰尘拭去。

蓦地一股热气冲了上来，泪水盈满了眼眶。

※※※

美国，北卡罗来纳州，三角研究园。

"不，我拒绝。"蒂姆·库克[①]对着风尘仆仆来到他面前的克里斯回复道。

"我在康柏电脑刚稳固下来，这个采购暨供应链主管的职位相当不错。"库克解释着，他窄长方正的下颚透着刚毅的气息。

"蒂姆，你可以再考虑看看，苹果电脑是能让你发挥的地方。"美国第一大猎头公司的经理克里斯，也是联邦快递创办人的好友。他受到弗雷德里克的请托帮苹果物色到最佳营运主管的人选。奈何几次电话及信件拒绝后，亲自来找库克仍是碰了一鼻子灰。

"谢谢你的好意。"库克站起来顺手拿走餐厅账单，"我到康柏电脑还不满一年时间，实在不好马上离开，这里的薪资环境发展我都挺满意的。抱歉了，请你帮我回绝苹果的乔布斯先生。"

苹果公关主任卡顿跳下出租车后直奔无限循环路一号大楼。中午大雨过后地面满是水洼，她顾不得会溅湿自己的衣服，背着公文包提起裤管小跑奔往办公室。

"史蒂夫，我们半小时后要赶往美国广播电台接受专访。"结束中午与各家平面媒体餐叙聚会的卡顿，过肩黑发有些凌乱，她很快地拨弄梳理。

"嗯。"办公桌前的乔布斯平直的浓眉微蹙，手指在成叠的文件夹上敲打着。

"卡顿，日后不用再参加媒体的工会活动或是相关主管的餐会。"乔布斯抬头看着蓝色套装简洁装扮的公关主任。

[①] 蒂姆·库克 Tim Cook。

"之后我们苹果公司只接受这几家媒体的采访。"乔布斯从桌上抽出一张不满半页的呈报资料,"还有从现在起,除了我批准的人员外,公司内部一律禁止随意接受访问,违反规定立即开除。"

卡顿睁大了眼睛忍不住深深地吸了口气。

"你应该没有意见吧?"乔布斯问道。

"没有,但……"卡顿好不容易从震惊中恢复,"公司的产品需要推销,我们必须接受更多的媒体曝光。"

"不用。"乔布斯直接打断卡顿的话,"只要有伟大的产品,那些媒体就会蜂拥而至。"他嘴角带着笑意。

嘟嘟嘟——

桌上的内线红灯闪烁,乔布斯看了一眼腕表随即接起电话。

"乔布斯先生,我必须回报您——蒂姆·库克拒绝您的邀约。"克里斯低哑的声音在另一头响起。

"他坚持继续留在康柏吗?"乔布斯脸色铁青。

"是的,我刚与他在三角研究园区见过面。"

"库克今晚就会回去康柏附近的宿舍?"

"没有。他说后天才会回到帕洛奥图,"克里斯停顿了一会儿压低声继续说道,"库克先生就在我身后不远处。"

"克里斯,他今晚还有其他安排吗?"乔布斯问道。

"没有。"

乔布斯捂住话筒又说了几句便结束通话。

"卡顿,取消后面所有的公开行程,我必须到北卡罗来纳州一趟。"

※※※

早上十点多，远离商业区的天空特别晴朗。

沿着人工精心种植的槭树林坡道，乔布斯和库克已经走了一个多小时。

"去年十一月时，苹果成立了线上零售商店，因为我想要直接地面对客户。你想想看，如果是经由大型电脑连锁店及其他经销商，每卖出一件苹果产品，他们就从售价中抽取百分之三十五至四十的收益，真的是太高了，太高了。"乔布斯边摇着头边说道。

"我赞成你的做法，这的确相当高明，但是商品的选择，从电脑一端点击到搜寻到，我记得需要相当长的时间？"库克左手放进外套口袋，姿态轻松闲聊般地问道。

"NeXT所开发的网络软件，能顺利流畅地连接应用程序与网络服务器，能完美克服你所说的问题。"乔布斯搓了搓布满胡楂的脸颊笑了起来，"线上零售商店成立满一个月，当月的成交金额就达到一千两百万美元。"

库克缓缓地点头，镜片后的眼神满是激赏。

"其实在工厂的生产管理及库存方面，可以采取限额分配即时委外生产。"库克沉稳低缓的阿拉巴马口音微微上扬，"同时关闭原本美国的生产线，因为若要兼顾研发创新及生产，势必削弱现金流的稳定，产生资金短缺。"库克补充道。

"所以……"乔布斯探询的目光看向一旁精瘦结实的库克。

"我愿意接下苹果营运长的职位。"

"太好了！太好了！"乔布斯停下脚步双手用力握住库克的手，眼尾的笑纹快要爬上耳后。

"所以何时加入苹果团队？"乔布斯问道。

"我已经加入了，不是吗？"库克挑起眉毛露出顽皮的笑容。

"啊，哈哈哈哈……"两个大男人不约而同地相视大笑起来。

※※※

连续六个月，工业设计实验室的灯没有熄灭过。

每周一的内部高层主管会议、每周三下午的行销策略会议，还有每周不定期几乎是无尽的产品审查会议……苹果公司无限循环路园区大楼的灯光如同其名，无限回旋地亮着。

重回苹果电脑的乔布斯似乎精力无穷，驱策所有人员往同一目标迈进——打造伟大的产品。

纵使外界传闻一九九七年最后一季的财报显示苹果陷入创立以来最严重的亏损，但是由乔布斯领军的苹果仍旧是置若罔闻地埋头苦干。

《财富》杂志资深记者毫不客气地报道——

> 库比蒂诺有个地方腐朽了……Mac 有两千万"无所适从"的爱好者、苹果有一万三千名"被吓坏了"的员工，和三万名倒霉的投资者……亏损超过一亿美元，现得仰赖微软投资的一亿多现金硬撑着……

戴尔电脑的创办人甚至公开在媒体表示——

> 苹果最好是赶快关门，将钞票还给投资人。

《财富》杂志的知名社论撰稿人艾尔索普[①]在专栏上写道——

年产值一百一十一亿美元的企业，要倒闭不容易；不过苹果年产值已经下滑到八十亿美元，我判断不出三年，甚至不用等到千禧年，苹果就要喝西北风了。

乔尼离开园区办公大楼时，东方灰暗的天色开始蒙蒙的亮了。他强撑着疲倦的身躯坐进车内时，手机响了起来。

"昨天小组到工厂发现调整颜色的关键了吗？"乔布斯声音有些沙哑地问道。

"蓝色，我们找到那种纯净半透明的呈现方式了。"乔尼忍住哈欠说道，他早已习惯大老板随时随地的电话联系。

"真是太棒了，就像是澳大利亚悉尼邦迪海滩的那种颜色……"乔布斯语气中有股掩饰不了的兴奋。

"库克，他答应了？"乔尼猜测道。要让大老板如此开心只有找到他心目中的顶级人才。

"哈哈哈，那还用说吗！"乔布斯话锋一转接续问道，"所以这样的半透明海水蓝，可以让内部整齐的电路板漂亮呈现又不会太过明显。"

"我仔细问过工厂的技术人员，若要调配出那样的塑料颜色，掌握住比例、温度以及机器控制精准度，达成目标是没问题的，只不过添购设备所需花费……"乔尼的语气有些迟疑，因为过去苹果不会花大钱投资在不重要的外观设计上，再者目前财务是如

[①] 斯图尔特·艾尔索普 Stewart Alsop。

此吃紧。

"制模额外所要的花费,你尽管呈报给我,好好地做出完美的作品吧!"乔布斯像是读心术般说出乔尼难以出口的话。

※※※

一九九八年四月三十日,晚上七点,迪安扎社区学院①。

"不对,不对,退回去重来。"乔布斯坐在观众席不耐烦地对着灯光控制及舞台上的工作人员呵斥道。

旁边有几位特别开放随行采访的记者不安地调整坐姿。

这已经是乔布斯第二十七次对着操控舞台效果的工作人员咆哮了。在他们眼中推出去的新产品与灯光配合得非常好,他们完全不理解为何苹果的代理总裁还如此不满。

"这一次灯光打得太慢,你,"乔布斯指着舞台上已经来来回回二十多次的可怜虫,"走路的速度要平均。"

"不就是灯光打在刚推出舞台的产品上吗?我真的看不出来第一次与第二十次有何不同。"《纽约时报》的记者忍不住离开位子对隔壁的同行发牢骚,但等他再转头眼睛对上舞台……

"太棒了,就是这样。"乔布斯大声赞叹的声音让所有人都松了一口气。

"这——"纽约时报的记者睁大了眼睛,采访跟拍了十多年的科技产品发布预演,这一次让他震惊得忘了回到自己的座位。

你必须好好地带领他……

---

① 迪安扎社区学院 De Anza Community College。

千野大师的话语言犹在耳。

乙川禅师低垂着眉眼挂下电话。

"史蒂夫正在巡查工厂作业,明天进公司还有一连串会议,禅师可以拨打他的手机。"

结束一年多的日本闭关修行,回到美国旧金山禅修中心的首要事务就是与史蒂夫联系,奈何……

"如果史蒂夫打电话到塔萨加拉记得第一时间通知我。"乙川禅师交代一旁的徒弟。

"禅师,"结束十四天闭关禅修的史蒂夫睁着困惑的眼看着乙川禅师,"为何在静坐中,有种声音告诉我,这一生可能活不长?"十九岁年轻俊朗的脸有着迷惘。

"你不用在意脑海中无意识跑出的想法,那只是妄念,没有任何意义。它的意义是你赋予的。记住,打坐时只要纯然地坐着,那些妄念如同闪电并不会影响天空的本质。"

乙川禅师离开蒲团点燃了香炉里的檀香,二十多年前史蒂夫闭关禅修所问的话语,如电光火石般突然地闪现在脑海。

※※※

全新的董事会成员聚集在苹果电脑公司园区的一号大楼。

"营运长人选已经确定由蒂姆·库克担任,他上任后对于产品制造、库存管理将有一连串的决策,大家是否都无异议通过?"董事长伍拉德,也是唯一留任的董事会成员环顾四周问道。

这一次调整的牵涉面非常大，属于公司的制造工厂关闭百分之七十，多数的产品将交由亚洲厂商制造；库存部分，除了先前乔布斯下令丢弃的"过季"机型外，库克还将运用一系列强硬的手段将高于业界平均水准的两个月库存压低至一个月，而他呈上董事会的目标是——两天的库存。

　　"都毫无异议。"戈尔①首先表态。浑厚饱满的声音有着圆融与不可置疑的威严。身为美国副总统的他，在乔布斯再三邀约恳请下答应进入董事会。他熟稔的政治手腕不但能综合各方观点，还能圆融地协调内外意见。

　　"那么针对这一季的营运状况，是否要请临时总裁报告亏损情形及新产品的销售状况？"伍拉德起身问道。瘦削结实的身形散发着稳健的气势。

　　"我想史蒂夫既然正在全力冲刺公司的新产品业务，我们董事会就应该全力支持，除了今年的年度会议之外，史蒂夫暂时不需列席报告，只要书面说明即可。"乔布斯多年来的好友比尔·坎贝尔抬头看着伍拉德说道。

　　莱文森、杰里·约克②、钟彬娴③、米奇·德雷克斯勒④等董事全数举手通过。

　　走出办公大楼，伍拉德刚好结束与乔布斯的通话。

---

① 阿尔·戈尔 Al Gore，1993—2001 年，担任美国副总统。
② 杰里·约克 Jerry York，克莱斯勒的前总裁，亦是苹果电脑公司审计委员会主席。
③ 钟彬娴 Andrea Jung，雅芳总裁。
④ 米奇·德雷克斯勒 Mickey Drexler，成衣零售商 Gap 前任总裁。

伍拉德的手机还没放回腰间,从后面走来的坎贝尔便轻拍他的肩膀。

"辛苦你了,协助史蒂夫重新筹组董事会。"坎贝尔带着些许沧桑的嘴角漫出笑容。

"其实亏损的公司,让原本的董事离去,他们根本求之不得。再者我只是按照史蒂夫的意志行事罢了!"伍拉德面容轻松地说道。

"这段日子,的确也让史蒂夫改变了不少。他已经不再过度掌控苹果电脑的生产流程,坚持必须由自家工厂组装生产。"坎贝尔说道。乔布斯十二年前离开苹果后,坎贝尔不久也离开了,重新创立了一家财务软件公司,直到乔布斯返回苹果他才追随乔布斯的脚步回来继续担任董事。

"他又在无限循环路二号与乔尼讨论产品设计吗?"坎贝尔又问道。

"史蒂夫与他讨论了一整个上午,中午又跑到其他地方开会巡视了。"伍拉德迈开步伐走向司机开过来的黑色豪华轿车。

"希望那台半透明的邦迪蓝电脑能有不错的成绩啊!"坎贝尔边挥手目送伍拉德边说。

"一定会的,我相信史蒂夫。"伍拉德关上车门前大声说道。

※※※

一九九八年五月六日,燧石礼堂。

耀眼的初夏阳光,仿佛可以驱散心头的烦忧,人工种植的银千层、尤加利整齐错落,绿油油的树梢上轻巧地栖着几只雪雁与雀鸟。

媒体记者早已等候在内，负责同步转播的卫星新闻采访车整排停放在建筑物外侧。

下午一点乔布斯以白衬衫深色西装的正式装扮站上舞台，他从容地来回走动介绍这一次即将推出的软硬件规格，背后的大荧幕投影各系列的规格比较表，身旁陈列六七台分别针对专业及一般使用者的电脑。他不断强调软件的流畅及新推出的 Mac OS 8 系统"不可思议"的稳定度。

乔布斯如行云流水般地叙说每项产品，稍微僵直的肢体动作不难看出他略带紧张的心情。

"噢，对了！还有一件事①。"发布会进行到了尾声乔布斯脸上突然出现会讳莫难测的笑容。

他慢慢掀开了后方的黑绒布。

舞台灯光恰如其分地照射下来。

"哇！"台下两千多名观众莫不惊呼。

蓝宝石般璀璨又如糖果般透明的电脑闪耀着诱人的光芒。

"iMac，"乔布斯拉高了嗓音说道，"i 代表网络、与众不同、指令、资讯以及启发②，它内建光驱、调制解调器只要接上电源就可以连接网络，它不但平易近人轻巧灵活，"他轻拉了后方圆弧的提把，"而且是世界上速度最快、运行最流畅的电脑，完全一体成型，而且透明可爱会让人忍不住想舔一口。"

底下的观众笑了出来。

---

① "还有一件事"，乔布斯回归苹果公司后，在每次产品发布会上的招牌语句，揭晓下一个"伟大"产品的开场白。

② 指英文单词 Internet、Individual、Instruct、Inform 以及 Inspire。

这是一场不可思议的产品发布会，媒体不断地全力播放广告、新闻版面轮番报道这史无前例"可爱"又时尚的电脑。

iMac 废除流行的标准软驱，只有内建光驱——却强烈地吸引住市场消费者的目光，在八月十五日正式销售后的六个星期，北美、日本、欧洲市场共销售了二十八万八千台，十二个月的销售量上冲到将近两百万台。

它，成为苹果史上最畅销的电脑。

※※※

一九九九年的夏天。

马萨诸塞州的肖恩·范宁[1]登上了《时代》杂志——

发明 Napster 的青年让全世界的人都可以上传及下载 MP3 文件，让每个人都能与别人分享自己珍藏的音乐，也大规模地改变了音乐行为……

随着网络兴起，聆听音乐似乎再也不用被唱片公司钳制，只要连接调制解调器等待传输便能享受到他人分享的音乐，当然这也同时侵犯到知识产权及原始创作者应有的权利。

各大唱片公司努力扫除这些从网络冒出的侵犯者——将领头羊扫进法院审判，但难以挽回逐渐低迷的唱片销售。

待在塔萨加拉禅宗中心的乔布斯暂时远离热爱的电脑，沉浸

---

[1] 肖恩·范宁 Shawn Fanning。

宁静的大自然幽谷中。

"千年来历代的禅师行住坐卧都在禅修，当你的心神处在宁、处在专一无二，当你忘了自我的感受只剩'觉知'，那么就是禅修了。"乙川禅师站在古朴的木窗前望向翠绿的远山说道。

"禅师，纯然的觉知就是智慧的源头吗？"乔布斯问道。清新融合花草气息的风灌入乔布斯的鼻腔里，全身毛孔仿若沐浴后般的畅然。

"智慧本自俱足，又何来源头之说。"乙川禅师笑着说。

"明白了。"

禅堂外鱼贯走进几位新加入的年轻禅修者，他们见到乔布斯，有的人忍不住多看了几眼，有些人面色自若没有半点讶异。

"禅师，我先回公司。"乔布斯拿出一张名片，"上头有我的手机号码，您可以随时找到我。"

"好。"乙川禅师看着乔布斯充满干劲丰润的脸庞，"静坐能让百骸气息筋骨都通畅。改变世界让它更美好是很棒的事，别忘了——专注、处理、执行、放下，然后安住在'禅'里。就在前面的心念消失，后面的念头未起的那一刻。"

※※※

乔尼步伐匆匆地走到无限循环路一号的办公室。

"大老板两小时前外出。"恰好路过的女助理说道，她看乔尼的目光闪烁着钦慕，"不过他待会儿两点有行销会议，应该快回来了。"

"谢谢你。"乔尼堆起笑容推门走进乔布斯的办公室。

灰黑色的桌面上摆放着拆卸后的各式零件、大小不一的绘制草图，原木办公桌一侧则吊挂着五彩缤纷的 iMac 海报。

"你来啦！"乔布斯进到办公室语气相当轻快。

"史蒂夫，Power Book 的模型设计部门又做出十多个雏形，今天傍晚可以全部塑造出来。"乔尼放下手中拆卸得只剩机壳的日本索尼 MP3 播放器。

"好，除了维持 iMac 的水蓝色半透明上盖，应该加入了我们之前讨论的元素——亲和力吧！"乔布斯停了一会儿突然问道，"觉得手中的机型如何？"

"边角的部分圆润，可惜……"乔尼又将机壳重新掂在掌心把玩，他眯起眼睛端详思考。

"按钮太复杂。"乔布斯弯腰看着乔尼手中的黑色机壳笑着说。

"是啊……弧度很美，却缺乏利落的雅致。"乔尼皱着眉。

"我计划买下 SoundJam。"乔布斯走回办公桌前继续说道，"现在市面上的音乐播放器简直是惨不忍睹，难看死了，还难用得要命。"

"Real Jukebox、Windows Media Player 初刻录光驱配套的软件……这些真的太复杂，只有天才才会使用吧。"乔布斯卷起有点濡湿的黑长袖时叹了口气。

"是那家可以与台式电脑及 Mac 的音乐播放软件相容的公司吗？"

"没错。"乔布斯拉开抽屉翻找文件后站了起来，"没事的话，会议后陪我到市区购物中心逛一下，我有几个点子想跟你讨论。"

窗外原本滂沱的大雨渐渐变小，走廊深处的落地窗透进了刚露脸的阳光。

※※※

　　电子商品在多数美国人眼中的重要性与日俱增，虽然价格偏高，但他们愿意开车到较偏远的地方仔细选购。

　　乔布斯从年轻时就注意到这种普遍的现象。

　　他驾驶银色奔驰敞篷车在公路上飞奔着，脑海不断播放从十多年前到最近商场店员对苹果电脑的销售态度。依照自己多年的观察及周围朋友的经验，商场店员大多倾向给客人介绍一般台式电脑而非苹果生产的电脑，因为苹果电脑的介绍门槛有点高，且大多数的电脑都配备微软系统……

　　乔布斯大力拍了一下方向盘——苹果产品几乎都被堆放在货架的角落。

　　"必须建立完整的销售系统。"乔布斯自语着仿佛在加深自己的信念。

　　他按下手机的速拨键。

　　"强森，是我。你明天早上有重要的会议吗？"

　　"没有。如何，又想跟我逛卖场？"电话那头的声音跟乔布斯一样平实，但带点低哑。

　　"我想要将苹果的理念扎扎实实地传达给顾客，在卖场的店员只会复诵电脑规格。我们再去逛逛 Gap 专卖店，那里宽敞明亮雪白的墙面的确非常吸引人。"乔布斯说道。

　　第三次的年度临时董事会。

　　"我想开设专属于苹果电脑的专卖店。"乔布斯眼睛直勾勾地看着董事们说道。

"捷威①电脑推出的一系列市郊专卖店都倒闭光了,难道我们也要步他们的后尘?"董事莱文森,同时也是基因科技公司的总裁,对于乔布斯的提议首先发难。

"苹果只是一家小公司,并不是市场上的主角。先不提捷威经营专卖店的失败,就连戴尔电脑都是采取邮购的方式。"伍拉德表达了看法。

一位穿着浅褐色西装敞着衬衫领子的董事举起右手。

"我支持乔布斯开设直营专卖店的做法。"举手的董事是业界号称"零售王子"的德雷克斯勒。

最后董事会让步了——批准四家苹果专卖店的试行计划。

二〇〇〇年是科技界风起云涌的千禧年。

一九九九年底,苹果一扫过去两年的低迷,iMac 在全球狂卖了六百多万台,创下历史纪录,而股价从原本的十三美元涨了近十倍上冲到每股一百一十八美元。

苹果行政管理高层终于说服了乔布斯正式接任总裁。

乔布斯同时获得了一千万股的股票以及一架私人喷射飞机"湾流五号"。

黑白简约的苹果取代了七彩的标志,时尚透明的 iMac 接连推出缤纷多样的颜色。苹果电脑似乎正在慢慢地站回舞台。

※※※

---

① 捷威 Gateway。

4. 苹果禅

众人踩在灰蓝色的抛光石子地板上，都被它表面清冷高雅的色泽吸引。

"这是从意大利菲伦佐拉的卡松石场运来的石材，坚硬耐用又有独一无二的迷人光泽。"乔布斯回过头来看着苹果新成立的零售部门主管笑着说。

"强森、德雷克斯勒，"站在模拟商店中央的乔布斯微眯着眼，继续与身旁的好友讨论道，"我突然发现商品完全都是按照公司内部的'观点'排列，而没有站在使用者顾客的角度。"他指着陈列在角落的台式电脑，"如果我是第一次走进来的客人，最想体验的应该是应用软件的使用，比方说 iMovie，或是刚推出的音乐软件 iTunes……所以中央的位置才是最方便的。"乔布斯边走边用手比画着。

"史蒂夫，你说的没错，将电脑陈列在中央，才能使空间动线更流畅，试用软件时也比较方便。"德雷克斯勒点着头，宽厚的下颚挤出双下巴，也跟着走动模拟路线。

连锁大型卖场的副总裁强森抿着唇，表情若有所思地说道："这让我想到第一次走到麦迪逊大道拉夫劳伦专卖店的那种惊艳——优雅的木质墙面、流畅宽敞的动线……每当我去买 Polo 衫时，我都会想起那个华丽的房间，那正是拉夫劳伦设计理念的具体呈现。"

"对,就是这样。我就是要完整地将苹果产品的特质,在销售端的商品陈列规划上清晰地传递出来。"乔布斯垂头合起双手触碰眉心,语调忽地拉高说道。

"一家精彩酷炫的专卖店。"德雷克斯勒附和着。

"为了要达成这样的目标……"乔布斯转身继续对着一旁的行销副总裁、部门主管及负责新零售商店的经理,滔滔不绝地叙述如何将零售店内部装潢及货架陈列做重新规划。

"所以各分店刚铺设架立的货架都要拆除?"甫加入新团队的经理睁大眼问道。

"没有给顾客最好的购物体验,就得全部拆掉重新再来一次。"乔布斯毫不客气地下达了命令。

"这样的设计会让货架看起来更加空荡……"行销副总裁面有难色地说。

"那么就用丰富多元的使用者经验填满,设置'天才吧',免费指导顾客使用产品,提供完美的服务。"乔布斯对着略显吃惊的工作团队说道。

飞抵日本的鲁宾斯坦,没有停歇地接连拜访合作厂商。

二月,处处都是繁茂粉嫩的樱花,满山遍野娇嫩粉红的花朵让人似乎闯入如梦似幻的时空。

位于东京都港区芝浦的东芝电子,也是苹果电脑公司亚洲供应链的一员。

按惯例视察所有工厂的组装流程及检视合格率后,鲁宾斯坦与负责接待的部长到研发部参观。

"鲁宾斯坦先生,这是即将在六月推出的新产品。"前排的工程师中，有位浓眉大眼面容严肃的资深人员走向鲁宾斯坦，他的手里躺着一颗掌心大小的硬盘，工程师继续说道，"它的外观虽然只有不到4.6厘米长，存储容量却非常大——高达5G。"

"相当轻巧，还有5G的容量，"鲁宾斯坦推了推眼镜，长而宽厚的脸变得严肃，他眯着眼接过最新研发的目前世界上最高容量的硬盘，仔细端详，"如果我们要独家买下这款产品并同时量产——"鲁宾斯坦说到这里拉长了尾音。

"必须先投入一千万美金。"负责相关业务的经理在获得旁边社长的授意后，字句清晰地说道。

鲁宾斯坦长长地吐了口气，一个想法突然冒了出来："你们等等，我到外面打通电话。"

走到研究室外的鲁宾斯坦拿起手机。

"史蒂夫，我正在日本东京，东芝供应厂……"

※※※

美国科罗拉多州，维尔滑雪场。

一身装备搭乘缆车的托尼·法德尔[①]正与家人放松惬意地欣赏银白色世界，胸前口袋的手机铃声大响。

托尼脱下手套快速接起电话。

"听公司的人说你正在度假，我只好打手机直接找你了。"鲁宾斯坦沉稳厚重的声音有点急，"知道你正准备打造优秀的数字音乐播放器，如何？想不想加入苹果？"

"等我下周回加州讨论……"托尼望向一旁带着责备眼神的

---

① 托尼·法德尔 Tony Fadell。

妻子说道。

"我是希望你来苹果领导团队，结合最新音乐系统 iTune[①] 打造最酷炫的机器。"鲁宾斯坦不等托尼说完，直接打断他的话，鲁宾斯坦知道，他是现今业界整合音乐播放软硬件的顶尖高手。

趁着托尼还在思索的时间，鲁宾斯坦继续游说道："苹果已经克服硬件容量规格的问题，这是一生难得的机会，你不会后悔的。"

"那么我以顾问的身份加入。"托尼希望保有自由不被约束。

"好。"

两周后，托尼·法德尔全职加入苹果数字音乐的研发阵容，因为鲁宾斯坦威胁他，若无法全心投入将立刻解散研发团队。

二〇〇一年十月二十三日，乔布斯站上无限循环路园区的中型会议厅，发布专属苹果的音乐播放器。

这是苹果电脑公司耗费一年多的研发，首次跨足音乐领域，与会的媒体记者不多，会场也仅能容纳不到一千人。

"今天，我们要将 iPod 介绍给各位。它是 MP3 随身听，但是播放出来的音质媲美 CD；由苹果设计生产，我们还在里头装入了了不起的电池，续航有十小时；更重要的是，它可以容纳一千首歌曲，只有扑克牌大小，我刚好带在身上。"乔布斯低头缓缓地从牛仔裤口袋拿出白色精巧的 iPod。

"它相当美丽而且不可思议，不是吗？这个小东西可以容纳

[①] iTunes，2001 年一月在 Macworld 大会发布的音乐软件，苹果电脑公司将它定位成"数字中枢"策略的一环。

一千首歌曲，还可以直接放进我的口袋里。"

※※※

秋末阳光轻轻地洒落，乔布斯握着方向盘的手随着车内播放的马友友演奏大提琴高昂的旋律打着拍子，半开的车窗灌入沁凉清爽的空气，忽明忽亮从树叶间穿过的夕照，让乔布斯眯起眼睛。

"史蒂夫。"车内手机自动接起，传来清亮熟悉的声音。

"莫娜，收到我寄给你的 iPod 了？"乔布斯看向荧屏显示的号码，笑逐颜开地问道。

"亲爱的哥哥，这真的是太完美的礼物了，我将书柜里最喜爱的音乐 CD 传输进去，还有剩余的容量呢！它非常方便，外出在咖啡厅写作时只要戴上它，就有我最爱的五百多首曲子随机播放……哥，你真是太棒了！"乔布斯的作家妹妹莫娜·辛普森[1]语气兴奋娇嗔地说道。

"上次帮你挑选的绿色套装喜欢吗？它和你的棕红色长发应该很相称。我应该向三宅一生设计师多买几套。"乔布斯有些宠溺地问道。他一向与亲妹妹莫娜无话不谈，感情相当好，也尽己所能协助妹妹，比方说出席她在纽约的新书发布会。

"哈哈哈，你寄来的已经够我穿一年了，哈哈……"莫娜大笑几声后又继续说，"噢，对了，今年一样在妈那里过圣诞节哦，妈妈要我问你她那三个孙子孙女最近有没有比较喜欢吃的菜，她想要提早做点准备。"

---

[1] 莫娜·辛普森 Mona Simpson。

结束与莫娜愉快的通话，乔布斯脑袋里开始思考与各大唱片公司如何协商合作。

毕竟 iPod、iTunes 软件虽然能与 Mac 电脑无缝接轨，可以让苹果使用者轻松管理自己所拥有的音乐，但若要获取音乐还是得到外面自行购买 CD 或是上网下载音乐，然而上网下载又意味着涉及盗版，这样等同破坏了苹果产品的完美。

思绪不断奔腾时，车子也不知不觉地开进了塔萨加拉禅宗中心。

乙川禅师牵着五岁女儿的手，在禅堂附近的林间散步，遇到正准备走进禅宗中心的乔布斯。

他们一道走回禅堂，禅师的小女儿则跟着母亲离开。

"开车上山时，你看到了什么？"乙川禅师坐定在蒲团时开口问道。

"满山的树木、蜿蜒道路、阳光。"乔布斯回道。

"还有吗？"禅师继续问。

乔布斯摇摇头，然后闭眼思考了一下。

禅师弹了一个响指，乔布斯倏地睁眼。

"还有你的心。"禅师似笑非笑地说道，"你感觉到那份自然了吗？当你在禅修时、走路时开车时、思考时、烦恼愤怒时。如同种子并没有'要成为一棵植物'的观念，但种子却拥有自己的形象。没有存在的东西就没有色与相，所以不管什么东西都有自己的色相，它是与其他存在事物完全和谐的，如此一来就没有所谓的烦恼可言，这就是我们所谓的'自然'。"

※※※

这几天埃德都睡得不安稳。

结束美国制片协会颁奖典礼后,皮克斯果真不负众望地拿下许多大奖,乔布斯、埃德、拉塞特也一同获得先锋电影人奖的殊荣。然而接下来的两三个月埃德总有股说不出的忧虑——陆陆续续几次都无法直接找到乔布斯讨论公司事务,这是他认识乔布斯以来从来没发生过的。

正当埃德胡思乱想时,外面的门铃声大作,玄关旁的小屏幕上是乔布斯布满灰白短髭的脸。

二〇〇二年八月,瑞士。

乙川禅师一边看着小女儿在湖畔跑跑跳跳,一边研读手中的《黄帝内经》。

人有五藏,化五气,以生喜怒悲忧恐。故喜怒伤气,寒暑伤形;暴怒伤阴,暴喜伤阳……思伤脾、怒伤肝、忧伤肺、恐伤肾……

湛蓝的天空飘来几片如羽毛般的云朵,乙川禅师抬头看着宽阔的天际,眉头却紧皱。

扑通——

不远处传来落水的声音。

"爸爸,快来救我……"女儿惊慌地呼救。下一秒就看不到她的身影了。

乙川禅师毫不犹豫地跳了下去。

戒备森严的苹果无限循环路园区，这一年更是变本加厉，从不同栋的职员使用不同栋的门禁卡，到现在不同楼层的电梯所使用的门禁卡也不相同。

硬件部门研发人员无法得知软件部门的操作程序，各个单位间的资讯也完全无法流通，人员进出某些处所甚至需要通过虹膜辨识。

乔布斯正在三道门禁内的会议室里凝视着桌面上的投影，随着操作人员触碰手势的变换，投影也跟着放大缩小。

"若可以将球桌大小的电容式面板缩小到像书本……"乔布斯双手环胸，一只手支着下颚面容专注地说道。

整个会议室陷入难以打破的沉默。

乔布斯慢慢地环顾四周，然后拿起手机叫来一个研发团队，他向团队展示了眼前最新的多点触控技术，每一个人目不转睛地看着画面的变化。

"我们要做一台平板电脑，但不能有键盘，也不能用触控笔。"

六个月后，团队交出了外观粗糙但确实可用的原型机。

※※※

乔布斯已经一年半没有到塔萨加拉禅宗中心了。

人走了，留下的只有思念与改变……

二〇〇二年八月在瑞士湖畔意外溺水身故的乙川禅师，是他的精神导师更是他无话不谈的好友。

或许，不再到旧金山禅宗中心，不再到卡梅尔山谷沐浴在森林气息中，也是一种悼念……

乔布斯站在无限循环路园区一号大楼的顶楼，望着夜里闪烁的星空，他的眼角湿润，却掉不出一滴眼泪……

阵阵凉风袭来，将快掉落的泪滴慢慢吹散了。

"真的找不出来更简便的方法了吗？"法德尔在密不透风的会议室问道。iPod 的成功，使得他想将滚轮操作运用在手机拨号上。

"嗯。"乔布斯虚应了一声，在会议室不断地走动。他观察到 iPod 销售量的暴冲，让走在路上的人几乎是人手一只手机外加一台 iPod。惊觉迟早会有人研发出结合手机与大容量音乐播放器的乔布斯，已将原先研发平板电脑的多点触控技术优先使用在新一代的手机开发上。

"加一个键盘，似乎是比较简单，但其实它会带来很多限制；多点触控的风险比较高……想想荧幕键盘可以让我们进行多少创新。"乔布斯站回白板前方，单手握拳语调拉高，"我们就赌一把，一定可以找到让它成功的方法。"

在苹果总裁的鞭策下，二十四小时轮番上阵的研发团队，如同工蜂般孜孜矻矻地钻研最新的技术，没有周末假期……除了抱病卧床不起，几乎天天报到。

身为工业设计总监的乔尼，干脆在公司附近租房子将全家人都接了过来。

"乔尼，用过金属、塑胶后，我们一定要学会使用玻璃。"乔布斯对着乔尼抛出他的点子。

这天，连续几个月持续高强度专注研发新产品的乔布斯，忽然感觉背部剧烈抽痛，他张大嘴身体前倾重重喘气……

乔尼正闭目沉思，睁眼看到乔布斯痛苦的模样，连忙将乔布斯送进临近的医院……

※※※

二〇〇七年初，《时代》杂志的总编辑休伊[①]接到乔布斯打来的电话——

"这是苹果有史以来最精彩的一项产品。我很想将独家报道给你，可是《时代》好像没有人能真正地写出这段报道……"

休伊总编辑，直接将《时代》里悟性最高的记者派到苹果的公关部门。

三十天后。

二〇〇七年一月九日。

三千多人的礼堂响起热烈掌声和欢迎的哨音。

"早安，"容光焕发的乔布斯迈着从容步伐走进舞台中央，"谢谢大家参加 Macworld 大会，我们将再度一起迎接新历史，这一天我已经期待了两年多。"他拉起黑长袖灿笑着，略显清瘦的脸庞仍是神采奕奕。

"每隔一段时间，世上总会出现一样革命性的产品，一举改变所有的事情，如同最早的 Mac 改变世界的电脑产业……然后就是 iPod 革新了整个音乐产业。"乔布斯在舞台上慢慢踱步。

"今天，我们将介绍三项革命性产品。第一是宽荧幕触控式

---

① 约翰·休伊 John Huey。

的 iPod，第二是革命性的电话，第三是前所未闻的网络通信设备。"

乔布斯又重复说了两次，背后荧幕的三项产品图示又再随着翻转一次。

"它不是三项产品而是一项产品。"乔布斯露出顽皮的笑容，"这就是我们推出的新产品，苹果将重新塑造电话——iPhone——就在这里。"

巨型银幕上显示一款有着拨号键滚轮的 iPod。

底下的观众都笑了出来。

"不，其实在这里，但我们先放上这张……先来聊聊这些进阶的手机、智慧型手机。"

乔布斯灰白短胡子的脸有些严肃。

他分析着目前所谓的智慧型手机功能，有着荧幕及键盘、上网功能，但却是婴儿级的网络连接能力；它们有着塑胶键盘，但并没有那么聪明，也不容易使用，在由"智慧轴"与"操作简易度轴"组成的"十字象限"中只落在左下象限。

"而进阶型手机甚至要想破脑袋才知道如何使用……我们不想做这两种产品。"乔布斯轻咳几声。

"我们要做的不是这两种，而是跨时代的产品，一个有史以来最聪明的手机、使用起来超级简单，这，就是 iPhone 的定位。"乔布斯高举左手大力挥舞。

"今天我们将重新发明电话。"

巨型荧幕出现一支全屏的三点五英寸的手机，正面完全没有键盘，只有一颗圆润的钮。

※※※

苹果电脑公司，在 iPhone 发布的同时，改名成"苹果公司"，正式向世人宣告，他们不再只是一家电脑公司，而是跨足音乐、出版、电脑等各式消费电子产品的全球企业。

iPhone 简单直接的操作、流畅的软件应用程序，不但满足各类人群的需求，快速上网能力更是让第一次接触它的消费者大呼惊奇。尤其一反大众习惯的实体键盘模式，创新导入"虚拟键盘"的设计，虽然让微软总裁鲍尔默在接受电视台的采访时表明——没有键盘的手机对于企业界人士来说，毫无吸引力，然而它带来市场热烈的反应及近乎完美的用户体验，使 iPhone 在开卖的后三个月便达到了全球热销一百五十万部。

一年后。

加州，爱莫利维尔，皮克斯总部。

两米高的"顽皮跳跳灯"艺术品旁，总经理埃德正聚精会神地讨论下一部动画电影规划。乔布斯身兼苹果及皮克斯工作室的总裁，但他极少主动进到皮克斯总部，主要的事务都是埃德与拉塞特在电话中与乔布斯商谈后定调。

拉塞特的白色沃尔沃汽车从地下车库开出，停在埃德面前。

"你们先将点子记下，明天早会继续讨论。"埃德很快做了结论后，坐进拉塞特的车子。

十多年的旧车平稳地在高速公路奔驰，坐在副驾驶座的埃德陷入沉默，过去与乔布斯相处的点滴像电影画面一般，一幕幕地播放……

这辆沃尔沃是一九九五年乔布斯赠送给拉塞特的谢礼，那时他正计划皮克斯公司上市，也正是与迪士尼不对等的合作时期。随着皮克斯制作的电影在全球热卖，二〇〇六年迪士尼以每股七十四美元的高昂价格，总共投入七十四亿美金购入皮克斯。乔布斯以拥有百分之七股权成为最大的个人股东。

　　皮克斯仍是一家独立的公司，迪士尼动画部门甚至改隶皮克斯辖下。

　　拉塞特扶着方向盘瞥见皱眉不语的埃德，没有打断他的沉思，一个大回转后驶进苹果总部。

　　车未停妥，埃德的手机就响了。

　　"是我。"乔布斯的声音有点轻，不像平时那般中气十足，"你们先在办公室等，大约一小时。"他的语调带点歉意。

　　埃德看了一旁的拉塞特一眼。

　　"好。"埃德正要讲下一句时，电话就被挂断。

　　"史蒂夫还在医院检查？"拉塞特将车子熄火后问道。

　　埃德紧抿着唇点点头，他凝视着手上的iPhone3，脑海浮现四年前乔布斯带他进到苹果机密室观看早期iPhone的模型，走出实验室所说的话——

　　"在我'起程之前'希望能完成三件事——完成iPhone的研发再加上其他产品可以确保苹果的未来；第二是保障皮克斯的成功；第三，也是最重要的，确定三个孩子走上正确的道路。"乔布斯双臂撑在栏杆上，转头遥望着远方的地平线。

　　"我真的希望可以看到里德高中毕业……"他的表情自

然轻松,却没看见当时埃德的眼底充满了震惊与哀伤。

※※※

二〇〇八年乔布斯暴瘦十八公斤的外形,让大家把焦点从 iPhone3 拉回他的健康状况。八月的苹果股价跌了二十八美元,外界臆测的声音纷至沓来……

二〇〇九年四月。

躺在孟菲斯的卫理公会大学医院的乔布斯正在对医生训话。

"阳压呼吸器[①]连接的罩子设计得太丑了,你再拿几个给我。"瘦削得面颊凹陷的乔布斯对着主治医师说道。

"亲爱的,我觉得这个椭圆的呼吸罩已经相当不错了。"劳伦坐在病床旁低声安抚道。一旁推车上已经叠了十几个不同样式的呼吸罩。

"不行,不行,这么难看功能又差的东西,我才不要戴在脸上。"乔布斯有点生气地将呼吸罩扯下,还提出改善的建议,"挂耳的材质太差,设计者一点都不认真为患者着想。"

终于好不容易挑到乔布斯尚可满意的呼吸罩后,他又对探测仪器滔滔不绝地提出意见。

医师在劳伦签署同意后,先为乔布斯注射镇静剂,好让他安静地休息。

病房门内的劳伦,泪眼蒙眬看着自己的丈夫逐渐睡去……

"艾萨克森先生,我是劳伦·乔布斯……如果你还想帮他写传记……"劳伦捂着话筒对着手机压抑着情绪说道。

[①] 连续阳压呼吸器 Continuous Positive Airway Pressure。

今天是他接受肝脏移植的日子，一个好不容易熬过来的日子，因为癌细胞已从胰脏转移到肝。荷尔蒙失调及消化腺体分泌不正常，让乔布斯的食欲越来越差，吸收功能也逐渐下降。二〇〇四年切除大半的胰脏已使得他的肠胃营养分解效率低落，这次终于等到合适肝源可以进行的肝脏移植，希望能让身体恢复一线生机。

二〇〇九年一月十五日，乔布斯对于这两年媒体的各种猜测、苹果迷的不安，写了一封公开信——

> 自从我决定让席勒①发布今年的 Macworld 大会演说后，关于我个人健康的谣言如旋风般掀起。某些周刊甚至煞有其事地刊载我性命垂危的报道。在此，我决定与苹果迷分享一些非常隐私的事情，好让大家专心欣赏明天的 WWDC 的发表。
>
> 的确，我的体重在二〇〇八年掉了不少，经过多项检查，医生已经找到问题所在——荷尔蒙失调……
>
> 目前我已经开始接受治疗，医疗团队评估春末便可以调整回来，之后将在复健期内确保苹果正常运作。
>
> 在过去十一年内，我早已倾尽所能地奉献给苹果。若无法继续带领苹果，我将会是第一个告知我们董事会的人……
>
> 以上，已然超出我原先想表达的了。
>
> 　　　　　　　　　　　　　　　　　　　　　　　史蒂夫

---

① 菲尔·席勒 Phil Schiller，当时苹果的行销副总裁，自 NeXT 时期就跟随乔布斯。

※※※

帕洛奥图十二月的冬天，逼近零度的气温让树叶结上薄薄的霜，太阳悬在地平线边缘，橘红的光晕笼罩宁静城区。

沃尔特·艾萨克森围着厚重的棕色围巾、手提公文包快步走向绿荫环绕的平房。

他的手还没碰到电铃，管家便从屋内帮他开门。

"沃尔特。"乔布斯背着阳光坐在客厅沙发上，比半年多前公开露脸的时候更消瘦了。

"请原谅我无法站起来迎接你。"乔布斯的声音变得扁平，眼睛却仍绽放某种神采，"我必须留点东西，让孩子们了解我，这是你懂的。"

"乔布斯先生……"

"叫我史蒂夫就行了。"乔布斯看向窗外的夕阳，凹陷的脸庞取代了原本丰润的模样，直挺的鼻梁如同鹰钩般，像极了中东人的轮廓。

"听说你的生父是叙利亚人？"沃尔特问道。他长勺般的脸闪现疑惑。

乔布斯没有回应，只是轻轻地点头，他说道："我是养子，刚出生三个月就被亲生父母抛弃……养母在我三十岁那年过世，之后，我开始与生母、亲妹妹联系。"

莫娜刚好捧着一叠相册从二楼下来。

"这是我的作家妹妹——莫娜·辛普森。"乔布斯语带自豪地说道，嘴角勾起好看的弧度，"同父同母的妹妹。"他补充。

沃尔特趁着乔布斯与莫娜交谈之际，拿出录音笔及笔记本。他有三十一年的职业经验，是专业记者、传记作家，也曾任《时代》杂志主编、CNN 总裁，执笔过基辛格、爱因斯坦等名人的传记。五年前乔布斯曾找他写传记，但他却拒绝……如今因为劳伦的一句话，他来了。

"我想要缔造一家创造力无限、永续经营的公司，效法惠普进而超越惠普。"乔布斯笑着说，打断沃尔特的回忆。

"史蒂夫，为何找我写传记？"沃尔特好奇问道。私底下与乔布斯有十多年交情的记者及传记作家不胜枚举，为何坚持要找他呢？

"因为你有让人开口的本事，毕竟过去我曾经得罪不少人，炒过不少人鱿鱼。况且，"乔布斯端起杯子喝茶，"尽管我做了许多不光彩的事，比方说二十三岁时让女友怀孕，又将这段关系处理得很糟，但我还是没有什么不可告人的。"

咚、咚、咚。

玻璃窗外传出清脆的敲击声，两人不约而同地转过头，才发现原来是只松鼠咬着果子敲窗。

"哈哈哈，这里真是被丰富的动植物环绕啊！"沃尔特笑着说道。这座宅邸外栽满各种植物，在相邻的一座座被草坪、泳池、车库环绕的豪宅中，显得与众不同。

"是的，我不喜欢被金钱摆弄，大自然才是最贴近人类灵性的。我年轻的时候就拥有大笔财富，但却看到一堆人有钱后，请了司机、用人、保镖，老婆也长得越来越阴阳怪气的。"乔布斯轻抿着唇微笑继续说，"我一直认为自己是偏向人文的孩子，但我也喜欢电子的东西；十多岁时，我读到宝丽来①创办人兰德②说的一句话：'一个人能站在人文和科学的交会口，兼容贯通，才是真正的人才。'在那当下，我就决定成为那样的人。"

施打的药剂渐渐发挥作用了，乔布斯的精神变得饱满，他站起来一边走动一边与沃尔特聊着过去的种种——无论是悲伤的、令人着迷的，还是曾经遭背叛的往事。

夜幕低垂，莹亮的新月高挂东方灰暗的天际。

※※※

二〇一一年一月，华盛顿哥伦比亚特区，白宫。

"总统先生，原先拟定的二月十七日科技界餐会，发起人乔布斯先生因身体健康原因无法参加。"一位官员躬身对奥巴马总统汇报下个月行程。

长型办公桌前的奥巴马稍微抬头，眼光投向坐在前方沙发的副总统戈尔。

"前天我到住处与乔布斯先生讨论将来董事会的运作，他的确……"戈尔吸了口气，"必须仰赖止痛剂才能正常的行走、说话。"

六小时后，苹果公司公关主任紧急联络，深夜十一点奥巴马接到乔布斯健康状况回稳能参与聚会的消息。

初春，旧金山市郊。

偌大的白色宅邸，被特勤严密戒护，十多辆轿车在安保人员

---

① 宝丽来 Polaroid。
② 埃德温·兰德 Edwin Land。

确认车牌、人员后驶入。

甲骨文总裁埃里森、基因科技列文森等 11 位科技界巨擘陆续进入宅邸，随后五十六岁的乔布斯在贴身男护士的搀扶下进入大厅。

枯瘦如柴的乔布斯被安排坐在奥巴马总统身旁，其他人则依序围坐。

九十分钟的餐叙严肃又带着笑语，乔布斯话虽不多，但总是即时点出各种问题的核心，例如教育界如何更快革新进步、电脑产品全球生产链的工程师技术等议题，抑或奥巴马竞选广告设计的细节处理。乔布斯希望身边的一切都尽可能臻于完美。

奥巴马仔细地聆听乔布斯与科技界巨擘间的讨论及建言。

预定结束的时间快到了，特勤人员迅速排定戒护位置，奥巴马总统侧身轻握住乔布斯枯瘦的手。

"乔布斯先生，向您致上无限的谢意，您所提的意见我都会慎重考虑，相信全世界人都希望您的身体能够尽快康复。"奥巴马总统说道。

"感谢总统先生的祝福。"乔布斯脸上挂着微笑，吃力地点点头。

※※※

二〇一一年十月四日清晨。

孱弱的乔布斯坐在窗户前的乳白色意大利沙发上，凝视外面逐渐展露的曙光。

他轻轻地呼吸着，但仍抵挡不了那剧烈蚀骨的疼痛。

簇新银白的 iPhone4s 躺在窗台边的核桃木柜里，乔布斯看着今天准备发布的机种，浊重吃力地吸口气。

"嘿 Siri。"乔布斯用哑着的声音唤道。

iPhone4s 漆黑的屏幕跳出闪烁的白光。

"打电话给莫娜。"乔布斯命令道。

"正在打电话给您的妹妹莫娜·辛普森。"iPhone4s 的智能助理 Siri 回复。

拨话声嘟嘟响起,乔布斯清癯的脸露出浅浅的微笑。

"莫娜,你得赶快来帕洛奥图,"乔布斯喑哑的嗓音如棉絮般轻飘,"再见了……"

"哥,我正在去机场的出租车上,再一会儿就能到你身旁。"莫娜握紧手机颤抖地说道。

"我现在就跟你说这些,因为担心你会来不及……记得要好好照顾自己。"乔布斯每说一句疼痛就加剧一次,他干涸的眼角漫出泪水……

劳伦搀扶着丈夫躺回特制的病床,初升璀璨的朝阳亮晃晃照耀着乔布斯羸弱的身躯。

轻柔低缓的巴赫无伴奏大提琴组曲,忽高忽低的旋律在房间内回荡,乔布斯微蹙着眉斜靠在床上。

心是清醒的,他想凝神观照"痛",像过去一年多站上舞台发布 iPad、iPhone4 的时候来消缓疼痛,意识却不断地飘散……

莉萨以及苹果公司的重要人员——库克、乔尼、席勒……还有其他挚友在劳伦一通通的电话中,驱车赶来。

渐渐地,他已经听不大到声音……周围的声响变得很小,床头放着的比尔·盖茨写给他的亲笔信,他早已读了又读……

也许,孩提时的不完美,造就他对电脑科技的坚持,在平凡蓝领家庭长大的他,成就了一次又一次的电脑产业革新。

乔布斯苍白凹陷的脸绽出一朵笑容，毕竟这个世界有人一直懂他的……

二十一岁初试身手的蓝盒子背后的标语，是他自我期许的目标——世界在你手上——三十多年后他真的实现了，奈何生命似乎太短。

金黄耀眼的光芒印照在他依然英挺的眉眼……他仿佛听到恒河畔呢喃的梵音。

"你是我跟妈妈精挑细选的宝贝，全世界最与众不同、最珍贵的宝贝。"

父母亲温柔的嗓音飘忽在耳畔。

窗外火红的枫叶、青绿杏叶，随风片片飘落，仓促的脚步声掩盖过乔布斯粗喘浊重的气音。

挚爱的妻子及孩子们，正环绕着他……

这天，世界陷入无比的哀悼中。

无数各个国籍的人手里拿着iPad，高举着闪耀不灭的烛光。

写满感恩之情的卡片、鲜花满布全球四百多家苹果直营店前。

自发前来悼念的人们一波又一波的涌上前，他们相互安慰拥抱、淌下惋惜不舍的泪水。

他用无与伦比的热情撼动了世界，推动电脑科技的革命，留下带来欢乐的皮克斯动画及不断创新的苹果。

斯坦福大学的纪念教堂齐聚着政商文艺界的领袖，追思会旁的七层建筑高挂着年轻英俊的乔布斯双手环抱第一代 Mac 电脑的巨幅海报。

他正微笑着俯视世人。

会场扬起世人熟悉的朴实低缓嗓音——

> 向那些疯狂的人致敬。
> 给那些特立独行的人，
> 桀骜不驯的人，
> 惹是生非的人，格格不入的人，
> 以独特眼光看待事物的人。
> 他们讨厌墨守成规，从不安于现状。
> 你可以引述他们的话、反对他们、赞扬他们或是诽谤他们，但绝不能忽视他们。
> 因为他们会改变事物。
> 他们发明、他们想象、他们治愈，
> 他们探索、他们创造、他们启发，
> 他们推动人类向前迈进。
> 也许，他们必须疯狂。
> 你能盯着白纸，就看到美妙的画作吗？
> 你能静静坐着，就谱出动听的歌曲吗？
> 你能凝视火星，就预见到神奇的太空船吗？
> 也许他们是别人眼里的疯子，却是我们眼中的天才。
> 因为只有那些疯狂到以为自己能够改变世界的人，会真的去改变世界。
> 请用与众不同的眼光看待世界。

尾 声
禅师与乔布斯

二〇一二年初春。

卡梅尔山谷的清晨弥漫着清雅的花香。

塔萨加拉禅宗中心外,一群僧侣低头专心洒扫着路面,几朵粉嫩的花瓣飘落,乙川禅师的大徒弟楚蒂抬头望向挺拔的杏树林,朝阳闪耀的点点晨光穿梭在翠绿的林间。

史蒂夫师弟走了……

楚蒂拽着宽袖轻拭额上的汗珠,瘦长清癯的面容、细长眉眼神情平静。

禅堂左侧的石板小径是乙川师父与乔布斯师弟早晨禅修过后,必会到访禅行散步之地……

几只斑斓的彩蝶飞舞在小径间,楚蒂目光停留小径深处的林间,仿若下一刻师父就会与师弟一同踏着惬意的步伐走回。这时师母会打开禅堂后门叫大家吃饭……岁月总是不着痕迹地漫过这看似不动的空间。

"楚蒂师兄,您是否要先回去歇息,剩余的我们来打扫。"两位中等身形的僧侣走过来轻声说道。

"好的。劳烦你们了。"楚蒂禅师说道。

他走进禅堂点燃檀香，氤氲白烟散发淡雅木香与一旁鲜嫩的百合花交融成深浅层叠的宁静气味。

端坐禅堂的蒲团上，微合双眼将散乱的心神慢慢凝聚在一呼一吸间。

"我们必须先专注在'无'。"熟悉的嗓音响起。

"为何必须要先专注在'无'，'无'不是看不见也摸不着吗？"平稳朴实的声音问道。

"想要了解佛法，你必须先忘掉所有的先入之见。就像窗外鸟儿鸣叫声确实存在，但我所说的'确实存在'与你们所说的'实有'是不一样的。"

楚蒂禅师半睁开眼，禅堂墙壁挂着一九七七年的月历，乙川禅师略显年轻，就坐在他右边的罗汉床上，底下围坐着几位青涩的少年……包括二十二岁的史蒂夫师弟。

"所以生命是既存在的又不存在的。"乙川禅师补充道，"真实的存在是来自空性，而且会回归空性，从空性中出现的才是真实的存在。我们很容易被自己的五官感受所囿，刻意地去追求自由，然而反离自由越来越远。"

"如何回归空性，得到真正自由？"史蒂夫问道。他及肩的长发突然被窗外挤进的风吹起。

"最好的方式是了解自己。"乙川禅师笑道，"了解自己后，就会了解一切；紧接着开拓自己的道路，就能帮助到别人，也会得到别人的帮助。"

"我好像明白了。"

"好，我们继续禅修吧。"乙川禅师执起钟锤。

当、当……

楚蒂禅师再次睁眼时，依旧是他一个人独坐禅堂。

门外传来沙沙脚步声，几位师弟探头走进。

"师兄，现在已近傍晚，是否要将膳食端进来呢？"其中一位个头较高的僧侣问道。

"您已经禅坐七小时了。"另外两位僧侣异口同声地说道。

楚蒂禅师抬头看向昏黄的山景。

"一会儿跟你们在后方的食堂用餐。"楚蒂禅师将酸麻的双腿伸直，没想到入定后，居然回到了三十多年前。

"师兄。"个头较高的僧侣有些赧然，"有个问题想要请教您。还记得史蒂夫师兄在多年前来禅修时，曾问师父几个问题，但当时乙川师父笑而不答地在纸上写了几句偈诗。"

"对了，我还记得史蒂夫问了关于人工智能的发展、未来能源的问题。"肤色黝黑的僧侣点着头接着说道，"但是后来师父带着女儿到了瑞士就仙逝了，就再也没有人继续回复这个问题。"

"嗯。"楚蒂禅师应了声，随即起身在香炉底下的木抽屉里翻出几张微微泛黄的纸。

"人因需要物成宠，届时看它做演变……一时景物应世求，知晓如何顺势为，不忧不惧过尘修，浪花涛涛争风头……人心如麻难清理，一时一刻不停歇……退了惧意难渐消。"楚蒂禅师朗声念着乙川禅师当时写下的偈诗。

底下几位师弟仍似懂非懂地看着他。

"你们会忧虑科技发展中的人工智能,有朝一日将对人类不利吗?"楚蒂禅师问。

个头最高的僧侣面色略为凝重地点头。

"哈哈哈……"楚蒂禅师大笑。

"不忧不惧过尘修……"楚蒂禅师敛整面容清晰地说道,"我们要了悟'无常与工作'原本就是修行上的家常便饭,化烦恼为菩提,察觉自己的忧虑执着并放下,才是真正的禅者。"

远山峡谷间的夕阳探出头,霞光遍布春意盎然的卡梅尔山谷。

楚蒂禅师仿佛听到窗外石板小径上沙沙的脚步声……

番　外

1 希尔老师

如丝般的云朵漫过鲜绿色屋顶，加州曼塔拉玛小学的秋天依旧喧闹。

铃——铃——铃——

尖锐的铃声一响，教室内的孩子立刻飞也似的冲出。

"史蒂夫·乔布斯，你留下来。"站在讲台上的女老师整理着满桌凌乱的教材，抬头看向准备踏出教室的黑发小男孩。

跑在最前的小男孩停下脚步，转头时脸上的笑容敛了回去，一双灵动的黑眼珠滴溜溜地转着。

十多位正准备离去的男孩，不约而同对史蒂夫投以同情的目光。

"希尔老师……我……"

"昨天的'宠物日'，是不是你跟费伦提诺做的？"希尔老师离开讲台走向小男孩，手里拿着一张小海报，上头用鲜艳的蜡笔写着"五月十日是宠物日，欢迎带你的宠物来学校"的字样。

数日前，校园的各个角落突然出现好几张"宠物日"的宣传海报,曼塔拉玛的教职员正忙着筹备两周后的慈善游园会,根本无暇注意校园突然出现的不明张贴物……结果昨日各教室出现了大大小小的"宠物",孩子们的尖叫声伴随着四处乱窜的宠物鼠、兔子、小狗……过敏的喷嚏声四起,直到下午三点学校放学才结束这场闹剧。

史蒂夫的黑色眼睛毫无畏惧地注视希尔老师,小小的身子直挺挺站在原地。

"没想到这学期你跟费伦提诺分到不同班级后,感情依旧是这么好……"希尔老师低头垂下眼帘,粗厚的黑框眼镜滑到鼻翼。

凝视着史蒂夫清澈的眼神以及略带倔强的平直嘴角,希尔老师轻叹了口气,弯身牵起史蒂夫的手,走向讲桌。

"这是数学题本。"希尔老师从抽屉拿出本书,翻开内页。

史蒂夫愣了一下才接过书,他以为老师会像前一个班主任一样对他严厉训斥。

"你带回家去做。"希尔老师不疾不徐地说道。

他睁大眼睛快速地翻阅手里的题本。

"老师!你疯了吗?"不一会儿史蒂夫仰起头大声抗议道。里头超过一百道的小数四则运算及应用题……根本是强人所难的作业指派。

"史蒂夫,你看看这个。"希尔老师起身打开后方的置物柜,一支拳头大小的棒棒糖赫然出现在他眼前。

"只要你做完这本数学题而且大多数都能答对,这支棒棒糖就是你的,还有五美金的奖励。"希尔老师微笑着对一脸惊诧的史蒂夫宣布道。

顿时，史蒂夫的心跳得好快，他看着简直有地球那么大的七彩棒棒糖，再看看希尔老师温和的笑脸，觉得她就像教堂里的圣母像般闪耀着光辉……

三天后。

二楼的教师办公室外，一位四年级男孩不断地踮起脚企图将整间办公室尽收眼底。

"曼瑟老师，请问希尔老师在办公室吗？"史蒂夫怀里抱着皱皱的本子问道。

"史蒂夫·乔布斯！"被叫住的棕发年轻女老师有点惊讶，这位曾在她的椅子底下放鞭炮的顽皮学生……不但让她差点吓破胆，还毁了她最心爱的裙子。

"你跑来做什么？"曼瑟老师蹙眉问道。

噔噔噔——

急促的高跟鞋声响从后方传来，一道再熟悉不过的身影匆匆略过两人，史蒂夫的注意力全被带走，他抛下质问他的曼瑟老师转身追去。

"老师，老师……"史蒂夫探身拉住刚走进办公室的希尔老师，"我做完了！我做完了！"他眨着晶亮的眼睛开心大叫道，稚嫩的双手高举着皱巴巴的数学练习题本。

"噢！真是太棒了！史蒂夫！"希尔老师笑得眯起眼，接过因过度翻页而稍变得澎厚的题本。

十五分钟后，史蒂夫蹦蹦跳跳地拿着一根巨大的棒棒糖及一本新的数学题离开办公室，随着因身体晃动而发出的硬币在口袋里相互敲击的清脆响声，他的脚步更轻快了。

※※※

"这是令郎的鉴定成绩。"希尔老师将桌上薄薄的资料夹推到乔布斯夫妇面前。

保罗·乔布斯慎重地一页页翻开,旁边的克拉拉几乎屏住呼吸动也不动地盯着蓝皮资料夹。

斗大的红字映入眼帘。

"通过……六年级……"克拉拉不可置信地捂住嘴惊呼道。

"是的,令郎通过六年级程度检测,可以在四年级后直接跳升两个年级。"希尔老师笑说。

"不不不,两个年级实在是太快了。"身为一个母亲,她太了解自己的儿子,不禁拒绝道,但同时她蓦地站起来双手紧紧握住希尔老师的手,语气一转,"真的是太感谢、太感谢你,如果没有……"

"我们真的非常感谢你,自从史蒂夫升上四年级他变得越来越喜欢学习,你给他的特别鼓励让他对学习产生莫大的兴趣。"保罗·乔布斯那湛蓝的眼睛望着希尔老师,深深地吸了口气,"不过关于跳级的事情,容我与太太回去讨论下,下周回复你。"他眉眼掩不住为儿子感到骄傲的神态,然而他知道心思敏锐的小史蒂夫需要更多空间适应。

乔布斯夫妇在教室办公室旁的会议厅停留了近一小时后才离去。

"希尔,"三五位聚集在长沙发休息区闲聊的老师看到希尔老师对她招了招手。

"你们班最顽皮的史蒂夫真的通过了跳级检测?"光头壮硕的

体育老师忍不住发问道。

"去年在曼瑟的椅子底下放鞭炮、搞宠物日的恶作剧也是他……"

"还与费伦提诺将所有学生的脚踏车调换了锁……"恶作剧二人组的名声远播，几位老师一句接着一句诉说史蒂夫那些让人哭笑不得的事。他们实在好奇，到底脾气温和的希尔用什么法子让这个问题学生有了一百八十度的转变——可以整天抱着数学题本主动超量学习、在家动手组装科学玩具，甚至成为通过测验跳级的优等生。

"他是内心充满热情与好奇的孩子，但又吃软不吃硬。"希尔老师扭开手中的水瓶喝了几口水继续说道，"唯有适时地关怀他、诱导他，才能引发学动机，让他像乘上气流的风筝自己飞翔。"

围坐在休息区的老师们纷纷点头。

"他的恶作剧都是因为课堂上的学习已经满足不了他。"希尔老师放下水瓶补充道，她灰褐色的眸子漾着说不出的光彩，"每位孩子都是上帝独一无二的杰作，身为老师，我们必续努力去挖掘出他们的优点。"

午后黄澄澄的斜阳穿过敞开的窗，阵阵凉风带进了清爽的杏树、李树的气息，沁凉舒爽的空气顿时充满了整间办公室。

希尔老师齐肩棕发忽地被吹乱，几缕顽皮的发丝卷进了口鼻，她笑着拨开头发对着其他老师说道："所以我们一起努力吧！让这个世界更加美好。"

铃——铃——铃——

尖锐的上课铃声响起，走廊外成群的孩童奔跑了起来。

※※※

二〇〇九年十二月，加州，帕罗奥图。

橘红夕阳轻轻散落在宁静简朴的社区。

乔布斯瘦削的身影倒映在微结薄霜的窗户上，他说得有点口干正想走回客厅取水时，传记作家沃尔特·艾萨克森早已端好杯子站在身后。

"所以，"乔布斯干哑稀薄的嗓音顿了一下，"我小学时，若不是希尔老师用巨大的棒棒糖诱惑我，"他腼腆地笑着继续说道，"也许我早已进入监狱了。"

"这也就是苹果电脑公司在一九八〇年代开始就开始注重发展校园电脑设备，大量捐赠电脑给学校使用的原因吗？"沃尔特接着问道。

"是的，因为教育可以彻底改变一个人的未来。"乔布斯的眼神变得迷离而温柔，仿佛又回到十岁左右那备受呵护而无忧的年代……

番 外
2 保时捷手表

一九八〇年，库比帝诺，苹果电脑公司总部。

杰伊·艾略特穿上特别为他一米九二壮硕的身材订制的合身西装，来到这栋四层楼簇新的办公大楼。

"请问，您是艾略特先生？"

"我是。"

走进中堂还没仔细打量这宽敞又带点时尚感的大厅，就被前台总机唤住的杰伊有点惊讶。

总机小姐很快从柜台后站起来，准备带杰伊进电梯，因为董事长再三吩咐的必定得仔细照办……想到这她脑海浮现出董事长俊俏充满魅力的脸蛋，不禁脸上泛着光。

叮——

电梯门打开，一个蓄着短胡子一身牛仔的年轻人快步走出来。

"杰伊，我正在等你！真是等不及了，我直接下楼来……"乔布斯清亮的嗓音响起，让原本有些沉闷的气氛顿时有了活力。

他转身对一旁低头记录的职员低声交代几句。

"走，待会儿直接搭我的车。"乔布斯快速打量穿着拘谨、手提方形公文包的杰伊，"这东西就先不用带了。"杰伊还没反应过来，乔布斯便将公文包递向前台。

"直接放到销售副总裁的办公桌上。"他吩咐道。

圣塔克鲁兹山脉的秋天如同仙境般遍布金黄，午后天际橙红的云朵轻覆着辽阔的连绵山峰。

一辆车奔驰在湾区南部的库比蒂诺市公路上，窗外的秋景放眼望去令人心旷神怡，但是坐在副驾驶座的杰伊却显得局促不安……英特尔总裁——安迪·葛洛夫的话语突然浮现脑海。

"你犯了天大的错误。苹果是做不起来的。"

的确，迈入中年的杰伊的确没有犯错的本钱，然而……

杰伊望了一眼手握方向盘跟着披头士的歌唱和的乔布斯。

前老板——英特尔总裁的临别告诫，在杰伊第一次搭上乔布斯的奔驰跑车听到震耳欲聋的音乐时，似乎变得更鲜明。

"我带你去看一个东西。"乔布斯提高声量转头对他说道。

"好，我需要事先准备什么吗？"为了要盖过音响声量，杰伊说话变得是像高亢的吼叫。

"哈哈哈，"乔布斯大声笑了出来，"你只要擦亮眼睛好好地看。"他的右手拍了拍方向盘。

乔布斯手腕上的黑表在斜阳下闪耀的光泽吸引住杰伊。

"这表真有设计感，它的表带及表面间似乎没有接缝。"杰伊活到四十岁从没见过如此贴合的一体成型又内敛的设计。

车子绕着圆形花圃滑行半公里，停在铁栅栏紧闭的园区前，乔布斯探出头向警卫出示证件。

杰伊看到前方施乐斯坦福研究园区的标志,不自觉倒抽一口气——这不是堪称汇聚全美最顶尖电脑工程师的研发单位吗?没想到乔布斯在他第一天到职就……

"似乎你对手表也有所研究?"乔布斯调低音乐声量轻笑道。

"不,是史蒂夫的品位让人赞赏,这款表是保时捷的经典款吧!"杰伊瞄到乔布斯手表上的品牌缩写,接着说道。

乔布斯顺手将腕表解下递到杰伊面前,单手快速操纵方向盘倒车滑入车位。

"送你,就当成是第一天上班的庆贺礼。"乔布斯眯眼咧开嘴露出顽皮的笑容。

"哈哈哈,你真是大方的老板,我一定会好好保管的,谢谢啦!"杰伊轻握着手中的黑表,觉得此刻眼前这位年轻老板的笑容有股特别魅力,原本因为紧绷拉高的肩膀松了不少。他很快跟着乔布斯下车,大步走进施乐研究中心 PARC 的大门。

"这位是泰斯勒——负责最新技术研究中心的工程师……"乔布斯向杰伊介绍这位迎面走来满头金发黑框眼镜、笑容亲切的奥图电脑研发人员。

十分钟后,杰伊在一台电脑屏幕前定格。

"这就是疯狂到了不起的东西。"乔布斯的声音突然变得尖锐,滔滔不绝地介绍这个伟大到可能改变世界的电脑,"这是鼠标,只要滑动它就能控制屏幕上的游标点选功能选项……这就是图形界面,简单方便的操作……"虽然乔布斯已是第三次造访,却依旧神情激动地比画着。

杰伊睁大眼紧盯着眼前电脑,耳朵仔细地听着老板激昂的叙述,脑袋空白一会儿后便开始盘算将来量产时所需的产销配置,他必须尽快了解公司内部的研发团队运作及业务销售部门的人员安排,过去常年待在大型电脑公司的经验告诉他,"专注创新技术"是这家苹果电脑公司的强项,然而成立不过三年的公司,体制上需要设计更完善的产销流程才能快速走上轨道。

"乔布斯先生,有你的电话。"低沉的男声突然打断乔布斯,"电话似乎有点紧急,来自圣马提欧郡政府的律师……"

乔布斯脸色一整,看了杰伊一眼旋即快步离去。

※※※

一九八○年十二月,苹果电脑公司股票正式挂牌上市,史蒂夫·保罗·乔布斯自信灿笑的容貌跃上全美各大杂志封面。

杰伊将身体埋进深色转椅翻阅今天最新的财经报道,桌上摆着几本公关部门送来的封面全是老板的杂志。

咚,咚。

阿特金森推门走进销售副总裁办公室,蓬乱的头发掩不住雀跃的神色。

公司股票上市后,每位拥有股票的员工身价立刻翻了数倍,拥有令人不可置信的财富。

"杰伊你看。"阿特金森展示着手腕上闪耀着内敛光泽的黑表,"史蒂夫送我的。"他像炫耀战利品般的翻转手腕。

"很好。"杰伊起身走向阿特金森看着他略嫌稚气的脸,"想必你在史蒂夫面前大力称赞过他挑选手表的品位吧!"

阿特金森扬起眉峰看着杰伊:"你……"

"先别说这个,VisiCalc 电子试算表的新系统建置的如何?内建到苹果三号测试的效能够稳定吗?"

杰伊话题转到公司计划三个月后要推出的产品。

他在进苹果第一个月时，便发现乔布斯超乎常人的自信、效率以及那求才的渴望，杰伊抽出桌上的档案夹时刻意隐藏手腕上的保时捷手表。

迅速交办讨论好事项后，杰伊按下内部通话按钮宣布一小时后召开临时会议，并很快送走这位兴奋的首席工程师。他必须帮老板守好这个秘密——凡认真赞许过他手表的人，乔布斯都会大方解下这款价值不菲的腕表送给这位品位与他一致的幸运者。几分钟后又重新戴上一只一模一样的……因为他的办公桌底下早已准备好一整箱。

或许这就是员工们都对他又爱又恨的原因，既会用超乎寻常的标准苛求员工，也会用出人意料的方式鼓励大家——跨越一个接一个的里程碑。

后　记
创作谈

　　回顾漫长的两年多写作期，如同回到一九五五年那个只有晶体管收音机，连集成电路都还没发明的古早年代，划着斑驳的船桨在庞杂浩繁的资料中，艰困地航向二〇二一年拥有发达无线网络的智慧科技世界。

　　那时，我时常望着地图陷入沉思，也时常看着影片中年轻俊美的乔布斯发呆。写作期间，早上醒来的第一件事，就是打开乔布斯的影像资料，不断地反复观察他说话的表情语气声音神态，甚至从中国面相学的观点分析他从幼年到青年、壮年的变化。

　　熟读美国传记作家沃尔特·艾萨克森所著厚达七百多页的《乔布斯传》中英文版，是撰写《乔布斯的苹果禅》基本功；而关于乔布斯的几本重要专著，七百多个写作的日子里，我每天都会随身携带一两本，里面纸张已被评点的朱墨浸烂；还有所有关于乔布斯的书籍、采访、身边好友的著述，累积一百多本的周边资料及中英文网站资讯、影像纪录片、论文，也都一一搜罗、熟读、记录、分析，为的就是能真切地走进乔布斯的内心，将他从文字中完整还原呈现。

然而最独特的莫过于对乔布斯十七岁开始至生命终点，贯穿影响他中心思想的禅学历程的研究。当初，二〇一五年开始筹备写作时，与（中国台湾）大喜文化的梁社长及主任编辑开会，曾探讨到全球所有关于乔布斯的书籍记录浩繁如星，但都偏重在商业管理及传记胪列叙述，从来没有一本关注透析乔布斯从小到大的灵魂蜕变及贯穿他一生的禅修历程，或许是"禅修"过于神秘且种类派别不一，也或许是有禅修功底的创作者多数都埋首在佛道禅学的专业书籍写作。这却给了紫芦一份发挥的空间。

很多读者及两岸专业编辑在读完这部作品时，不约而同地告诉我，他们深深觉得《乔布斯的苹果禅》是一本如同电影般有丰富画面性的书，这对辛苦笔耕，一字一句凝心撰写的作者来说，是非常大的赞美及鼓励，也让紫芦更有动力继续创作更好的作品。尤其在知识碎片化，人们越来越难以专注阅读"一本书"的手机视听时代。

写作是孤单艰苦的，也是幸福的，因为你会与笔下的角色一同呼吸生活，经历每一件曾经发生又未出现在书页中的崭新世界。

爱好音乐艺术美学的乔布斯是浪漫的双鱼座，恰巧紫芦也星座落在十二星宫里的双鱼，自幼学习钢琴的我，于家中书房写作前总爱弹奏几首莫扎特、肖邦、舒伯特的奏鸣曲或夜曲、即兴曲，借以凝神汇聚在艺术精神领域，下笔打字时更能浸润到乔布斯近乎苛求完美及略带偏执的灵魂世界。

参观博物馆各类展演，聆听古典音乐会，预约弹奏乔布斯二十几岁购置在豪宅大厅及摆放在苹果公司总部的世界顶级的"贝森朵夫名琴"，阅读乔布斯曾赞不绝口的书籍，听乔布斯喜欢的巴赫无伴奏大提琴及鲍勃·迪伦的歌曲，这些生活的细节点滴更伴随这创作堆叠的日子。我还将自己的手机、电脑全都更换为苹果系列。至今仍忘不了甫从安卓系统及家用电脑，转换为iPhone7及Mac时，那初次使用时对操作界面的直观便捷性的感动，让人打从心底赞叹这位富有决断力、敢于创新冒险、坚持完美的企业家。

一位称职的文字工作者，必须先丰富自己的内心，并用尽气力地消化一切创作书籍所需的资讯，才能真正写出动人的作品，无愧于读者。纵使过程中脑枯肠结或是遭遇生活困挫，也要咬牙坚持耕耘。如同社会中每一个行业里的螺丝钉，总会遇到敲打及折磨，然而耐挫的毅力及心中的美好希冀，都是我们能继续走下去的动力。

在此紫芦祝福每一位读者朋友，能在阅读这本书时领略到乔布斯独一无二的灵魂魅力，并找到属于自己的感动及快乐，从而发现更不一样的自己，开创更丰富的人生。